포기하고 쓴 책

섬그늘

포기하고 쓴 책

초판 인쇄 발행 2025년 11월 1일

지은이 김지나 김준우 배준익 신나라 염지연 최섬
기획 시시한 컴퍼니
북디자인 태미사
펴낸곳 섬그늘
주소 (55085) 전북특별자치도 전주시 완산구 강변로 96
　　　　신일강변 상가2동 104호 그 섬에 가게

ⓒ 김지나 김준우 배준익 신나라 염지연 최섬 2025
ISBN 979-11-994746-7-3　03810

* 이 책은 2025 청년공동체 활성화 지원사업에 선정되어 제작되었습니다.
지원 | **전북특별자치도**　○ 전북창조경제혁신센터　🏛 전북청년허브센터
* 이 책에 수록된 이미지는 리크래프트(Recraft.ai)를 활용해 제작되었습니다.
* 이 책의 수익 전액은 전북 자립준비 청년 지원사업에 기부될 예정입니다.

Anthology Essay

아침잠을 **포기하고
쓴 책**

에세이집

김지나
신나라
최 섬

섬그늘

각자의 페이지가 포개져 탄생한
우리들의 이야기

《포기하고 쓴 책》은 전북 전주시 구축 아파트 상가에 자리한 동네책방 '그 섬에 가게'의 글쓰기 모임 '함께 쓰는 섬'에서 지역 청년들이 쓴 글들을 모은 앤솔러지 책입니다. 2025년 현재까지 스무 명이 넘는 지역 청년들이 각자의 고민과 감정을 시, 에세이, 소설, 네 컷 만화 등 다양한 형태의 창작물로 쓰고 나누며 공감하는 시간을 가졌습니다. 이 책은 '함께 쓰는 섬' 모임에 참여했던 이들 중 출판 의사를 밝힌 여섯이 만든 소모임 '시시한 컴퍼니'에서 내놓는 첫 번째 책입니다. 일요일 늦잠을 포기하면서까지 모임에 참여해 글을 쓴 이유에 대해 고민하며 에세이를 쓰고 소설을 지었습니다.

3년 가까이 모임을 기획하고 진행하는 동안 말이 아닌 글로 마음을 공유하며 치료받는 순간들을 목격하였습니다. 원석 같은 그 순간들을 주제에 정세해 책으로 내놓습니다. 선분 작가가 아닌 평범한 청년들이 "포기할 수 없어 포기하고 쓴 글"을 통해 많은 이들이 '쓰기'에서 오는 기쁨과 위로를 느끼시길 간절히 바라봅니다.

시시한 컴퍼니 대표

최민주

프롤로그

평일 카페 / 퇴근 후 늦은 저녁

지나, 나라, 섬. 지친 세 사람이 카페에 마주 앉는다.

늘 일요일 오전 시간에 만났는데 이렇게 평일 저녁에 보는 건 처음이다.

나라 다들 퇴근하고 오신 거죠? (모두 고개를 끄덕인다.) 함께 책을 만드니 이 시간에도 모이네요. 도대체 우린 왜 일요일 늦잠을 포기하고, 피곤해 죽겠다고 말하면서 글을 쓴 걸까요?

섬 그러게요. 저도 원고 쓰면서 그 부분을 가장 많이 생각했어요. 아, 저 프롤로그에 이 이야긴 꼭 넣고 싶어요. 원래 전 책에 시를 실으려고 생각해서 10편이나 썼는데, 에세이로 바꾸면서 다 버리고 새로 쓴 거요. 후, 진짜 힘들었어요.

나라 고생하셨죠. 쉽지 않은 결정이었을 텐데.

섬 (웃음) 사실 3년 전 '함께 쓰는 섬'이란 글쓰기 모임을 만

든 이유 중 하나가 시 쓸 시간을 확보하고 싶어서였거든
요. 그래서 꼭 시를 싣고 싶었는데… 제 원고만 장르가 달
라서 다른 분들 원고와 너무 안 어울리더라고요. 다른 분
들도 차마 바꾸란 말은 못하셨을 것 같아서… 하하, 그 대
신 시에 대한 에세이로 바꿨어요. 에세이 쓰면서.

지나 나라 님은 평소 블로그에 쓰시던 맛집 기록을 묶어내셨잖
아요. 어떠셨어요?

나라 처음엔 어떻게 써야 할지 모르겠더라고요. 먹을 때 그냥
'맛있다' 밖에 생각 안 했는데. 게다가 블로그에 사진만 많
고 글이 없었어요. (일동 웃음) 고민고민해서 짧은 글에
살을 붙이고 연결해 겨우 완성했네요.

섬 미식가들 중 어휘가 풍부한 분들이 많던데 글 읽으며 나라
님도 그러시구나 생각했어요.

나라 저도 표현 잘 못해요. 그래서 맛있는 거 함께 먹으며 맛있
냐고 묻는 걸 좋아해요.

지나 제게도 종종 물어봐 주세요. (웃음) 글에서 맛 표현뿐만
아니라 공간 분위기까지 느껴져서 좋았어요. 맛도 중요하

지만, 가게의 분위기가 맛을 변하게도 하잖아요. 동네별로 묶어서 산책하듯 소개한 흐름도 재밌었고요. 마치 친구와 함께 산책하며 동네 맛집을 발견하는 느낌이 들었어요.

나라 다행이네요. 에세이를 읽으며 산책하는 기분이 들면 좋겠다 생각했거든요. 슬프게도 요즘 산책하다 보면 사라진 동네 맛집들이 많이 보이더라고요. 그래서 약간 기도하는 마음으로 썼어요. 제발 여긴 사라지지 말아라. (웃음) 그런데 다들 에세이 제목은 정하셨어요?

섬 전 수정하느라 제목까진 생각 못 했어요.

지나 저도요. 1-1, 1-2, 2-1… 일단 파트만 나눴어요. 너무 공문서 같죠? (웃음) '청년 지원 사업에 충실한 글을 써야지' 하는 목표를 잡고 기획한 원고를 써서 그런가 봐요. 그러다 보니 글이 너무 정석적인가 싶긴 해요.

섬 전 지나 님 글이 우리 책의 정체성이라 좋은데요! 그래서 지나 님 글을 서두에 배치했잖아요. 독자들이 재밌고 명료하게 우리 책에 대해 알고 시작할 수 있을 것 같아요. 그리고 지나 님 덕분에 다른 분들이 조금 더 자유롭게 쓰신 것도 있어요. 지나 님 글이 중심 축에 딱 있으니까요.

나라 원래 반장이 망봐주고 뒤에 애들이 떠드는 거잖아요.
(웃음)

지나 계획대로 쓰긴 썼는데 내 글이 개성이 없단 생각도 드나 봐요. 유쾌함과 정직함에 대해 늘 고민하게 돼요. 빵 터지는 재미도 좋고, 깊이 있는 재미도 좋고. 그런 글을 쓰고 싶은 욕심이 있나 봐요. 모두가 '재밌게' 읽을 수 있는 글.

나라, 섬 재밌어요! 재밌어!

지나 감사합니다, 여러분. 이런 답정너 위로가 듣고 싶었어요. (일동 웃음) 제목은 각자 고민해야겠어요. 10시가 다 돼가네요. 우리 내일도 일해야죠!

일동 동시에 한숨 쉬다 웃으며 마지막으로 입에 컵을 댄다. 녹은 얼음이 부딪히며 경쾌한 소리를 낸다.

차례

아침잠을 포기하고 쓴 책 ─── 에세이집

기획자의 말   각자의 페이지가 포개져 탄생한 우리들의 이야기 | 4

프롤로그 | 6

에세이1   **김지나**
하기 싫어 미치겠는, 하고 싶은 것들

일요일 늦잠을 포기하고 쓴 글 | 15

멈춤과 이어쓰기 | 22

끝까지 내려갔다가, 적당히 일어서기 | 37

마치며. 탕자의 낭만 | 53

에세이2   **신나라**
            한결같은 맛, 그 기억의 순간들

            행복의 맛 | 59
            길에서 만난 맛집 | 63
            길에서 만나 추억이 된 음식들 | 79
            그래서 나는 오늘도 먹는다 | 88

에세이3   **최섬**
            시작詩作, 내가 나일지라도

            시작 하나_그 섬에 가게 | 95
            시작 둘_국경에 서서 | 107
            시작 셋_All Blue | 123

김지나

오늘도 고소한 치즈와 삼삼한 호밀빵을 꼭꼭 씹어 먹는 하루를 꿈꿉니다.
작고 하찮은 귀여움을 아낍니다. 앤솔러지 <맛있는 밥을 먹었습니다>,
<막상 해보니 좋은>, 에세이 <어, 중간의 사용라이프>를 썼습니다.

✳

하기 싫이 미치겠는,
하고 싶은 것들

김지나 에세이

일요일 늦잠을 포기하고 쓴 글

"꿈과 현실의 경계선에서 시끄러운 소리가 들린다. 5분 단위로 설정해 둔 핸드폰 알람 4개가 차례차례 정신을 현실로 데려온다.

'일어났어. 일어났다고.'

무생물에 짜증을 내며 더듬더듬 스크린을 쭉 내려 알람을 끈다. 5분 단위로 해놨는데 왜 5초마다 울리는 것 같지. 간신히 실눈을 떠서 핸드폰 충전이 100%로 되었는지 확인한다. 상단 상태 창을 쭉 내려 밤새 온 메시지는 없는지 확인하고, 손가락을 몇 번 움직이면서 점점 정신이 든다. 하지만 역시.

일어나기 싫다.

아침에 눈을 뜨는 건 삼십 년 넘게 반복해도 새롭게 힘겹다. 특히 주말 아침이라면 더더욱. SNS에서 본 '3초 기상법'을 떠올린다. 그래, 숫자를 3까지 세고 딱, 아무 생각 말고 일어나는 거야. 하나. 둘.
세… 근데 생각하면서 이미 3초 지난 거 같은데. 아무래도 글렀다.

눈은 떴지만, 이건 '일어났다'라고 보기는 애매한 구석이 있다.
학생 때는 주말 아침에도 부모님이 십요히 나를 깨우시곤 했는데,
내가 "아, 일어났어… 눈은 아까 떴다고."라고 하면 "그건 일어난
게 아니야!"하시며 이불을 걷어내 버리셨지.

누운 채로 천장 무늬를 바라보며 케케묵은 추억을 떠올린다. 전
기장판의 뜨뜻한 온기와 극세사 이불의 부드러운 촉감과 무게까
지 완벽하다. 좀 더 바닥에 붙어 있어도 괜찮지 않을까, 이렇게 완
벽한데.

하지만 그럴 수 없다. 일요일 아침이지만 해야 할 일이 두서없이
떠오른다.

"일어나기 싫어어…" 미간을 구기고 웅얼거리자, 거실에서 부지
런히 스트레칭을 하던 엄마가 방문 사이로 '어쩌라고.' 싶은 눈빛
을 날려 주신다. "더 자. 누가 뭐래?"

무정함에 한숨을 쉰다.

"해야 할 일이 있어."

"뭔데?"

"…있어, 그런 게."

"넌 참 비밀도 많다."

나는 못 들은 척 이불을 발로 걷어낸다. 원래 가족에게 말하지 못
하는 일이 더 많은 법이다. 일어나야지. 내가 하겠다고 벌인 일인데.

그래, 문제는 전기장판과 극세사 이불이 아니다. 문제는 내가 조금 징그러운 나이가 되었고, 그와 함께 '일어나지 않아도 된다'라는 선택지도 획득했다는 거다. 특히 주말 아침에 일어나 하려는 일은 대부분 이런 식이다. "하기 싫어어…"라고 투정 부려도 "안 하면 되잖아?"가 따라오는 일들. 의무와 밥벌이에서 비껴가 있으므로 언뜻 하지 않아도 아무 일도 일어나지 않는 것처럼 보이는 일들 말이다.

가령, 남들이 좋다는 직장을 그만두고 새롭게 학위를 따겠다고 한다거나, 이제 정말 살기 위해선 운동을 해야 한다고 헬스장을 등록했다거나, 그저 재미있어 보인다며 프로그램이나 강연에 신청했다거나 하는 것들. 무엇보다 과거의 나는 글 쓸 거라며 여기저기 입을 털고 다닌 것도 모자라 글쓰기 모임에, 그것도 무려 '일요일 오전 글쓰기 모임'에 덜컥 신청해 버린 것이다.

과거의 나. 그렇지. 그걸 다 누가 벌였지? …나요. 그렇지. 소위 '누가 총 들고 억지로 시킨 일' 같은 건 없다.

*

누군가는 주말에 무언가를 한다고 하면 '갓생 산다'라고 한다. 하지만 갓생이라기엔 주말의 내 움직임은 움찔거림에 가깝다. 갓의 'ㄱ'의 가로선조차 잇지 못한다. 머쓱함에 괜히 심상히 고개를 젓는다. "그냥 취미야. 재미로 하는 거지 뭐."

태연한 척하지만, 사실 아무렇지 않은 척하는 것뿐이다. (그러니 주말에 뭔가를 한다는 사람에게 "갓생 사네!" 같은 추임새는 자제해야 한다) 회사 동료의 "주말에 뭐 해요?"라는 질문에는 사회생활 미소를 장착하여 "그냥 있죠, 뭐. 하하."라고 한다거나, "할 게뭔데?"라는 가족의 물음에는 "있어 그런 게."로 답한다. 너 묻지않게 최대한 심드렁한 척하면서.

　하지만 이 글을 쓰는 나는 평일의 내가 아닌 주말의 나다. (이 글은 일요일 아침에 몸을 일으켜 글쓰기 모임에 나온 기특한 내가 쓰고 있다) 그러니 고백하자면, 단순한 취미라기엔 은밀한 욕망이 마음 한구석에 있음을 밝힌다. 그건 절대로 태연하지도, 조금도 심상하지도 않다. 평일의 내가 살금살금 숨기고 있는 마음을 슬쩍 꺼낸다.

　'이렇게 살고 싶지 않아.'

　하고 싶은 일을 하면서, 내 마음 가는 대로 살아보고 싶다. 어떤 모습인지 정확하게는 모르겠지만, 적어도 평일의 삶이 무언가 잘못되었다는, 무언가 어긋났다는 건 안다.

　그 목적지 없는 마음에 결국 투정을 집어넣고 새벽 기차에 몸을 싣는다. 러닝화 끈을 질끈 매고, 책상에 앉아 노트북 화면을 째려본다. 그 모든 일들을 시작할 때는 어김없이 한숨이 난다. 대체 뭘 위해서 이 상쾌한 주말 아침에 이러고 있는 걸까, 과거의 나를 원망하는 마음이 빼꼼히 고개를 내밀기도 한다.

　그런데 신기하게도, 막상 시작하면 속절없이 빠져들고 만다. 즐

접고 만다. 막막한 시작에서 한 걸음 한 걸음 떼면, 마치 핸드폰 알람에서 멀어지듯 평일의 나와는 다른 세상으로 잠긴다. 그러다 정신을 차렸을 때 생각지도 못하게 시간이 지나있는 시점이 있는데, 그 순간만큼 '나'로 세상에 존재한다는 감각이 온몸으로 선명하게 느껴질 때가 없다. 어딘가 나만 다른 시간 속에 살다 온 듯한 멍한 기분과 선명한 존재감은 마치, 기묘한 안도감과 도파민 분비의 공존 상태랄까. 비로소 살아있다는 생존력이 아주 약하게나마 느껴진다. 살아 '남는' 생존력이 아니라, 살아 '존재하는' 에너지로의 생존력 말이다. 결국 그런 일들은 남이 시켰든 아니든, 돈벌이가 되든 말든 그런 건 중요하지 않아지고 만다.

밥벌이에 아무 도움 따위 되지 않을 (오히려 밥벌이로 열심히 번 월급을 야금야금 까먹기만 하는), 은밀한 꿈 따위로 채워진 시간은 그런 의미에서 아이러니하다. '안 해도 되는 것'이 실은 내게는 '해야만 하는 것'들이었던 셈이다.

물론 ㄴ '즐거움'이라는 게 귀찮음과 자괴감에 고통스럽게 몸부림치며 즐거울 때가 대부분이라는 게 함정이지만. 한숨도 좀 많이 쉬긴 하는데 뭐, 한숨도 숨은 쉬는 거니까. 음, 이런 변태스러운 감각을 에너지로 삼으며 살아 있느냐, 생존력 없이 죽어있는 상태냐, 라니. 역시 세상살이는 만만치 않다.

*

몇 년 전까지만 해도, 주말에 아무것도 하지 않던 시절이 있었다. 못했다는 표현이 더 맞겠다. 그때는 그물에 걸려 선박 위에 철퍽 내던져진 물고기처럼 아가미로 호흡만 억억내며 산신이 살아있는 기분이었다. 평일의 밥벌이와 의무로 가득 찬 시간은 내 존재를 야금야금 갉아 먹었고, 분명 살아있는데도 어느 순간 살아서 존재한다는 게 까마득하게 느껴졌다. 흐릿하게 반복되는 안정적인 일상은 아이러니하게도 불안하기 짝이 없었다. 뭔가 잘못되었다는, 더는 이렇게 살아선 안 된다는 경고음에 머리가 지끈거렸다.

간신히 5일을 버티면, 주말에는 손가락 하나 움직일 힘도 없었다. 말 그대로 하루 종일 누워만 있었고, 그럼에도 다시 평일이 될 동안 전혀 회복하지 못했다. 15%의 빨간불만큼만 충전되어 간신히 종료되지만 않은 채, 다시 5일을 매일 3%의 존재감만으로 버텨내는 구식 벽돌 핸드폰 같았다.

주말에 운동하고, 여행 가고, 취미생활을 한다는 사람들의 이야기는 SF소설 속 외계인 같았다. 중력에 꾹꾹 눌려 두 발로 땅을 밟고 있는, 일개 지구인인 나는 영혼 없이 감탄했다. "와, 정말 갓생 사시네요!"

*

5초밖에 안 지난 것 같은데… 꿈속으로 돌아가기도 전에 시끄러운 소리가 들린다. 마지막 네 번째 알람이다. 이제 정말 일어나야 한다. 팔을 위로 쭉 늘려 몸을 편다. 그 자세 그대로 멈추어 천장을 바라본다. 천장의 기하학무늬를 보며 이런 안 해도 되는 '하기 싫어 미치겠는 하고 싶은 것들'을 떠올린다. 역시 가는 게 좋겠지.

그래야 100% 충전은 요원하지만, 50%의 생존력이라도 충전할 수 있을 테다. 음, 그러려면 글을 써야 하고, 또 이 아름다운 일요일 아침에 몸을 일으켜야겠지. 대체 과거의 나는 왜. 한숨이 나온다. …일어나기 싫어어.

30분 기상이 되어버리고 마는, 3초 기상을 생각하며 숫자를 센다. 하나, 둘, 세…

멈춤과 이어쓰기

바보 J

MBTI로 사람을 정의 내리는 건 정말이지 바보 같은 일이다. 정식 검사도 그럴 텐데, 인터넷에 아무렇게나 떠도는 검사 결과로 '누구는 어떤 사람이구나!'라고 단정 짓는 건 더 심각하다. 더구나 글을 쓴다면서 그렇게 쉽게 인물의 성향 묘사를 끝내버리려 하는 건 게으르고 무책임한 작가라고 스스로 인정하는 꼴이다.

네, 그런 무책임한 바보 저자의 MBTI는 ISFJ입니다.

문제는 ISTJ가 되기도 하고, INTJ가 되기도 한다는 건데… 성향도 주인 닮아 줏대 없이 무책임한지, 검사를 할 때마다 중간값에서 왔다 갔다 하기 일쑤다. 그래도 뚝심 있게 제 자리를 지키는 영역이 있었으니, I와 'J'다.

　J. '계획적인 인간'을 떠올리면 보통 일정과 할 일을 효율성 있게 분배하고 착착 해내는 모습이다. 하지만 그건 능력과 실행력까지 뒷받침된 성골 J의 모습이다. 실행력은 쥐뿔도 없으면서 성향만 J인 것은 뭐랄까, 족보를 (빚내서) 돈 주고 산 벼락 J의 모습이다.

　계획을 척척 해낼 깜냥도 없으면서 일이 계획대로 풀리지 않으면 쉽게 예민해졌다. 특히 내 의사가 반영되지 않은 변수나 외부 환경이 일어나면 단전부터 묵직한 한숨이 올라왔다. 최선을 다했지만, 결과물이 만족스럽지 않을 때면 끝나고도 해방감을 느끼기는커녕 울적해지곤 했다. '더 잘해야 했는데. 왜 이걸 먼저 생각하지 못했지? 미리 계획을 완벽히 세워야 했는데. 좀 더 일찍 시작했으면 이런 일은 없었을 텐데.'

　그런데, 생각해 보면 일이라는 게 생각했던 대로 차차 되는 경우는 거의 없었다. 만약 그렇다면 뭔가 잘못되고 있는 건지 의심해 봐야 한다. 내가 실수 한 번 안 할 리가 없지 않은가. (만약 없다면, 이건 정말 심각하게 뭔가 잘못되고 있는 거다)

　그뿐이랴. 빌런이 없을 리가 없다. 갑자기 인사이동이 나거나, 심지어 자연재해가 나기도 한다. 지출 담당자가 장기간 휴가를 가거나, 협업하던 상대 업체 측에서 파업이 일어나 그대로 멈춰 버린 경우도 얼마든지… 그래, 얼마든지…

　어찌할 수 없는 일들은 너무 많다. 사실 어찌할 수 있는 일보다 훨씬 많다.

그걸 머리로는 받아들이면서도, 아니 받아들이려고 노력은 하면서도 전혀 받아들이지 못했다. 스트레스를 받으면 어김없이 찾아오는 역류성 식도염은 반려 질병이었고, 익숙하게 고통스러워하며 소화제를 찾았다.

*

몇 년 전, 덜컥, 글쓰기 모임을 시작했다. 어쩌다 보니 내 이름이 들어간 책의 원고도 써 볼 기회도 생겼다. 지금은 새로운 일요일 오전 글쓰기 모임을 하고 있다.

처음 글쓰기를 시작할 때, J는 뾰족하게 갈고리를 세웠다. 잘, 그리고 많이 쓰고 싶었다. 정해진 시간 동안 써야 할 목표를 정했다.

오늘은 이 글 무조건 마무리 지어야지.

서론엔 이거, 본론엔 이거, 결론은 이렇게! 뭐 쭉쭉 써지겠네.

일주일이면 7일. 이틀에 글 하나씩 쓴다고 하면 나흘간 글 2개를 쓰고, 이틀간 퇴고를 할 수 있겠네? 그렇게 한 달이면 10개 꼭지의 글을 쓸 수 있을 테고. 완벽해!

…현재. 나는 완벽한 졸작이 써진 노트북 화면을 보며 미소 짓는다. 심지어 완성도 하지 못했다. 오늘까지 퇴고까지 하려 했다니 어리석군.

그러거나 말거나 마감 시간이 된다. 시간이 되면 글이 잘 써졌든, 써지지 않았든 멈추어야 한다. 마음에 들지 않아도, 마무리 짓지 못해도 단체 카톡방에 오늘치 글을 올려야 한다. 최종본', '진짜 최종본', '진짜 최종본 (수정본)' 따위는 올릴 수 없다.

이전에 다른 작가님과 밥을 먹으며 "마감은 '당하는 거죠'"라고 이야기하며 깔깔거리며 웃었다. 전능한 마감 앞에 내 통제력 같은 건 존재하지 않는다. 언제 그날 글이 잘 써질지는 아무도 알 수 없다. 어찌저찌 써낸 글을 적당한 선에서 내려놓을 뿐이다.

물론 여전히 때로는 한숨도 쉬고, 한 문장도 써지지 않을 때면 괴롭기도 하고, 기한을 보며 후회하기도 한다. 하지만 전의 다른 일들처럼 강박적인 극도의 불안함은 느끼지는 않는다.

그도 그럴 게, 그럴 필요가 없으니까. 이 글쓰기는 '안 해도 되는 일'인데 그저 하고 싶어서 시작한 일일 뿐이니까.

그저 '꾸준히 쓰기 위해' 자유롭게 모인 글쓰기 모임에서 잘 썼고, 못 썼고는 별문제가 되지 않는다. 출석과 썼다는 자체에 의의를 둔다. 쓰는 행위를 드문드문이나마 이어가고 있다는 사실 하나만으로도 제법 뿌듯하다. 그렇게 내 뜻대로 되지 않더라도 아무 일도 일어나지 않는 가뿐함을 지나면서 J의 날카로움은 조금씩 무뎌지기 시작했다.

잘 써지지 않는다. 그런데 원래 그런 날이 더 많다.

얼마 전, 인터넷에 떠돌아다니는 아무 공신력이 없는 MBTI 검사를 했다. 결과는? INFP. J가 아니라니. 아마 내려놓는 성향이 다른 일을 대하는 태도에도 점점 스며든 건 아닐까. 조금은 유연해진 것 같아 웃음이 난다.

아, 물론 MBTI 하나로 사람의 성향을 정의하는 건 역시 바보들이나 하는 짓이다.

그리고 아무 일도 없었다

"글을 쓴다고? 이야, 작가였어?"

"아니, 아니야. 그냥 재미로 쓰는 거야."

나는 머쓱하게 웃으며 부인하고는 아무렇지 않은 척 화제를 돌린다.

작가. 글을 쓰면 누구나 다 작가라는 말에 공감하면서도, 스스로만은 제외다. 어쩐지 '저는 작가입니다.' 입이 잘 떨어지지 않는다. 작가는 엄연히 직업의 분류 중 하나에 들어있고, 직업이라고 하면 어쩐지 '노동(투입) → 경제적 보상(산출)'을 해낼 때 비로소 '나는 이런 직업을 가졌습니다.'라고 당당히 말할 수 있을 것 같기 때문이다.

내 글쓰기는 자본주의에 적합한 결과물과는 상당히 어긋나 있어서, 직업이라기보다는 취미, 더 쳐 줘봐야 자기 계발 정도로 느껴진다. 마치 유튜버라고 하면 '오~'했다가 구독자가 10명이라고 하면 '어…화이팅! 구독해 줄까?'라는 반응이 나오는 모습과 유사하달까.

자기만족의 글쓰기는 아무 일도 일으키지 않는다. 운명적인 재능도 없다. '우연'이 쌓여 어쩌다 보니 이런 모습이 되었을 뿐이다. 마치 크루아상의 얇은 한 겹 한 겹처럼.

*

크루아상의 첫 겹을 벗겨낸다.

몇 년 전, 처음 신청했던 글쓰기 모임이 드러난다. 전주 지역 책방에서 하는 작은 모임이었다. 글쓰기 선생님과 책방 사장님, 신청자 두 명의 총 네 명이 매주 옹기종기 모였다.

이제 와 고백하건대, 글쓰기에 관심이 있어 신청한 건 아니었다. (사장님, 선생님 죄송합니다. 불순한 학생이었어요.) 그때의 나는 공무원 시험에 연달아 낙방하면서 점점 사람들을 멀리하고 있었다. 사회성과 언어 능력이 급격하게 퇴화했다. "그거 있잖아, 그거! 아, 왜, 그, 그거." 수준까지 떨어지고 나서야 인간은 누군가와 '말'을 나눠야 한다는 걸 깨달았다. 누군가를 만나는 건 두려웠지만, 내 진로 따위에 관심도 관계도 없는, 처음 보는 사람들과 만나는 건 할 수 있을 것 같았다.

우리는 서로 잘 알지 못했다. 그게 좋았다. 합격, 불합격, 평가 따위에서 벗어나 매주 만나 소소하게 서로의 글과 생각을 나눌 뿐이었다. 당시 사회성이 0에 수렴하던 나는 주로 듣는 정도였지만. (그때 모임을 애써 이끄셨을 선생님에게 뒤늦은 감사 인사를 드립니다) 그렇게 몇 주 정도 모임을 했고, 소소하게 끝이 났다.

아무 일도 일어나지 않았다. 그래도 마지막 날 밤 어두운 밤과, 따뜻한 책방의 은은한 조명과 분위기, 나무 바닥을 밟을 때 나던 소리는 어쩐지 잊히지 않는다.

크루아상 두 번째 겹.

몇 년 동안 글쓰기와 담을 쌓고 살았다. 처음 직장을 다니느라 정신이 없었고, 이직한다고 다시 정신이 없었고, 남들보다 뒤늦게 돈을 벌기 시작했다는 조급함에 '자본!'을 외치느라 또 정신이 없었다. 코로나가 퍼지고, 주식과 집값은 치솟고 너도나도 '파이어족'과 '경제적 자유'를 외치던 때였다.

그러다 정말 우연히, 전주 몇몇 서점이 모여 추진한 '전주 동네책방 문학상' 공모전을 발견했고, 어찌어찌 당선되어 처음으로 내 이름이 들어간 앤솔러지 책이 나오게 되었다.

이제 와 하는 고백 두 번째, 사실 그 공모전을 우연히 발견하게 된 건 '자본!'을 외치며 온갖 공모전을 기웃거렸기 때문이다. (사장님들 죄송합니다. 불순한 지원자였어요) 월급 외 파이프라인을 만들 능력이 전혀 없던 나는 상금을 목표로 여러 공모전에 기웃거렸다. 그러다 눈에 들어온 것이다. '어? 전주? …글쓰기?'

동기는 상금이었고, 나는 조급함에 조금 미쳐 있었고, 덕분에 지금 보면 부끄러워 미쳐버릴 것 같은 날것 그대로의 글을 제출하고 말았다. 아마 제정신이었다면 쓰지 못했을 것이다. 그런데 그런 불순한 의도 속에서 글을 쓰며 아주 오랜만에 '즐거운' 기분이 들었다. 하얀 한글 파일 위에 자음과 모음을 하나씩 눌러가면서 숨통이 트였다.

그렇게 첫 책이 나왔다. 당연하게도 아무 일도 일어나지 않았다. 책장 구석에 두 번 다시 펴 보지 못할 부끄러운 글이 담긴 책이 한 권 자리를 잡았을 뿐이다. 그래도 그 간질간질함. 잊고 있던 글을 쓸 때의 즐거움은 오랫동안 잊고 있던 쓰는 마음을 건드렸다. 맞아, 이런 기분이었지. 아무 일이 일어나지 않아도, 글쓰기는 참 기묘한 일이었지.

물론 나는 다시 회사로 돌아갔다.

그 이후로도 어쩌다 보니 얇은 한겹 한겹이 덧대어졌다. 연약하고 얇은 반숙이 차곡차곡 부풀어 올랐다.

재미로 지원해서 그림책 만들기 수업을 듣고, 퇴사 후 시간이 많아져 새로운 글쓰기 모임에 다니기 시작하고, 오랜만에 글을 쓰고, 다시 입사하고도 계속 다니게 되고. 도서관 프로그램을 통해 처음으로 나만의 책을 만들어 볼 기회도 생겼다.

나열해 보니 많은 것 같지만, 실은 그 모든 일들에서 별일은 단하나도 일어나지 않았다. 나는 여전히 어디에 가서 '작가'라는 직업을 선뜻 꺼내지 못한다. 여전히 자본주의와 살 궁리, 돈벌이 따위에 아무런 변화도 없다.

주말의 크루아상을 떠올린다. 아무 일도 일어나지 않던 일들이 겹겹이 쌓여 이제는 초미니에서 미니 크루아상까지 부풀어 오른, 은은한 버터 향이 올라오는 주말의 크루아상. 미니 크루아상 하나 먹는다고 살이 찐다거나, 피곤함이 순식간에 풀리진 않는다. 하지만 너무 달지 않으면서 은은한 버터향과 금세 녹아버리는 바삭함이 딱 적당해서 오히려 좋다. 탄수화물은 보장된 행복인 법이고, 내가 가장 좋아하는 탄수화물이 뭔지 알고 산다는 건 아주 중요한 일이니까.

다 썼으니 이제 와 하는 고백 세 번째. 사실 나는 크루아상을 좋아하지 않는다. 내가 좋아하는 탄수화물은 바삭하거나 녹아버리는 탄수화물이 아니라, 목이 막힐 정도로 꼭꼭 씹어가며 가슴 퍽퍽 치며 먹을 수 있는 고밀도의 삼삼한 탄수화물이다. 글쓰기를 위해 불손하게 크루아상을 끌고 온 것에 대해 크루아상 팬들에게 심심한 위로의 말씀을 드린다.

소설 쓰고 앉아 있네

자기소개서는 일정 부분 허구인 '자소설'이다.

취업 자기소개서를 쓸 때면 친구들과 자조적으로 웃으며 격려했다. 괜찮아. 원래 다 자소설 쓰는 거지, 하면서. 자기소개서의 나는 업무에서 보람을 느끼고, 대인관계가 원만하며, 강점을 업무에 잘 적용하고 단점은 장점으로 승화하며 극복한다. 번아웃이 뭐죠. 퇴사와 이직을 반복한 이유는 더 큰 자아실현을 위해서입니다.

자소설을 쓸 때 가장 중요한 주의 사항이 있다.

첫째, 없던 일을 적어서는 안 된다. 사건에 거짓말은 금물.

둘째, 거짓말을 할 때는 진심이 되어야 한다. 나의 열정과 솔직함에 의심 금지.

즉, 거짓말은 최대한 진실에 근거해야 한다. 발생한 사건은 진실만, 감정은 스스로 진실이라고 믿어 의심치 않는 마음을 쓴다. '합격'이라는 명확한 목표 아래서, 자소설 속 새로운 나를 창조하는 데에 아무런 거리낌이 없었다.

*

에세이는 일정 부분 허구…여도 괜찮은 건가?

흠뻑 빠져들어 솔직하게 썼는데, 다시 읽으면 낯설다. 분명 일어났던 사건이고, 당시 느꼈던 감정인데 미묘하게 다르다. 에세이 속의 나(A)는 자주 현실의 나(B)를 앞서간다. 저 멀리 앞서는 정도는 아니고, 깨진 그림파일처럼 외곽선에 잔상이 일 듯 아주 살짝 어긋나 있다.

A는 B보다 아주 조금 더 용기 있다. 한 스푼 정도는 더 마음을 나눌 줄도 안다. 작은 순간을 더 잘 포착하고, 좀 더 머무는 방법노 안다. 최소한 확실하게 그런 사람이 되려고 노력한다.

'내가 그때 정말 이렇게 생각했나?' 때로는 나조차 혼란스럽다. 어느 정도까지가 그때의 온전한 진심이었고, 어디서부터가 허구인 건지.

이전에 에세이를 쓸 때는 그 괴리감이 잘못됐다고 생각했다. 그래서 깨진 그림파일을 어떻게든 복구하려고 애썼다. 완벽한 윤곽선에 꼭 맞게 하나의 나로 만들기 위해 고치고 또 고쳤다. 그런데 또 무작정 용기 없고, 못되고, 찌질하게 바꾼다고 해서 더 솔직하게 느껴지지도 않았다. 점점 더 기우는 피사의 사탑처럼 오히려 더 '나'와 멀어지는 기분이었다. 더 나은 사람이 되고 싶은 것도 분명한 내 진심인데.

그렇다면 대체 A와 B 중 거짓말쟁이는 누구지?

*

정답은, 없다. (적어도 지금의 내가 내린 결론은 그렇다) 두 인물 모두 진실을 말하고 있는 꼴이다.

두 인물. 아무리 일란성 쌍둥이라도 결국 타인인 것처럼, A와 B는 같은 사람일 수 없다. 현재의 나는 과거의 나에 완벽하게 포개질 수 없다. 시간 차가 윤곽선을 깨뜨린다.

그러니까 당연한 거라고 조금은 내려놓게 되었다. 물론 그렇다고 작정하고 소설을 쓴다는 뜻은 아니다. (정말, 이건 진짜 솔직한 진심입니다!) 사건 당시의 A를 떠올리며 B는 진심을 담아 솔직하게 쓴다. 다만, 한 걸음 떨어져서 바라보기 때문에 A의 감정을 조금은 더 객관적으로 보기도 하고, 이미 끝난 사건이라 미화시키기도 한다. 돌아보니 꼭 힘들고 슬픈 일은 아니었구나, 하며 새롭게 의미를 부여하기도 한다. 그때는 울고불고 아이고 나 죽네, 했었으면서. 뻔뻔함에 웃음이 날 때도 있다. 그때는 그랬지.

거기에 조금 더 욕심을 내면 사건이나 사실이 아닌, '바람'을 담은 진심을 섞기도 한다. 조금은 더 용기 있는 사람이 되고 싶은 마음. 의심하고 재는 것 따위 그만하고 마음을 주는 사람이 되고 싶은 마음, 좀 더 작은 것들을 오래 보고 싶은 마음.

이 마음들을 처음부터 생각하는 건 아니다. 쓰다가 깨닫게 되는 것에 가깝다. '자본!'을 외쳤지만, 실은 낮은 집이 있는 골목 마을에서 사는 걸 훨씬 좋아하는 사람이었다거나. 정규직만 되면 행복할 줄 알았는데, 오히려 계약직으로 일하면서 주말에는 글 쓰고 여기저기 역마살 끼어 돌아다니는 삶을 훨씬 덜 불안해하는 성정이었다거나.

덕분에 살고 싶은 모습을 서서히 알아간다. '아, 나 요즘 작은 것에 시간을 쏟고 싶구나.', '이래서 그렇게 서러웠던 거구나.' 그렇게 문득문득 깨닫다 보면 아주아주 조금, 한 0.1픽셀 정도 더 내가 살고 싶은 모습에 가까워져 있었다.

　왜 주말 아침에 글을 쓴다고 했지. 가기 싫어… 근데 가고 싶어.

　엥. 어쩌다가 도서관에서 일하고 있지. 어? 내가 북페어에 나간
다고?

　왜 작고 여린 저 연두색의 흔하디흔한 풀잎이 예쁘다는 엄마 말
에 이렇게 공감이 되지.

　내가 운동을 하고 있다고? 말도 안 돼!

　돌이켜 보면, 그러니까 지금의 내가 과거의 무수한 A들을 보며
의미를 두자면, 아무 일도 없던 일 사이에서 아무것도 아닌 일이
0.1픽셀씩 일어나고 있었다.

　어쩌면 에세이를 쓰는 일은 아주 조금은 다른 사람이 되도록 하
는 일인 걸까.

　물론, 정말 솔직하게 온전한 하나로 존재하는 에세이 작가도 많
겠지만, 나는 그런 확실한 윤곽선의 사람이 못 된다. 0.1픽셀씩 움
직였다지만 아직 1픽셀만큼도 이어지지 못해서 그림파일은 여전히
깨져 보이고, 나의 간신한 자본주의 라이프에는 아무 일도 일어나
지 않았다.

　하지만 뭐, 분명 지금의 순간도 미래의 B가 아무 일이든 일어난
것처럼 소설을 써주지 않을까.

끝까지 내려갔다가, 적당히 일어서기

10년째 (안 하는 듯) 하는 중입니다

일요일 아침, 글쓰기 모임에 다녀오는 길에 집 앞 마트에 들러 그릭요거트 두 개와 팽이버섯 한 팩을 구매했다. 최근 1~2년 사이에 부쩍 건깅에 관심이 커지며, 점섬 더 영양성분을 따지고 건강에 좋은 음식을 찾아 먹고 있다. 회사에서뿐만 아니라 친구들과 만날 때, 아침에 눈을 뜰 때 점점 더 힘이 드는 건 마음 건강 때문만은 아님을, 사실 알고 있다. 그리고 그 문제는 단순히 건강에 좋은 음식을 먹는 것만으로 해결되지 않는다는 것도… 그러니 마트에서 나오다 저런 플래카드가 눈에 들어오는 거다.

『파격 특가! PT 10회 50만 원!』
『여름 파격 이벤트! 필라테스 1회 9,900원꼴!』 *100회 등록 시

파격적인 세상을 살아가는 일은 내겐 너무 파국적이다. 파격 어퍼컷에 어질어질하다.

물론 저기에는 단순히 한 시간의 강습료만 있는 건 아니겠지만. 임금, 가게 유지비, 세금에 주기적으로 새로운 기구를 들이는 비용까지 있겠지. 녹록지 않을 것이다.

문제는 내 통장 잔고겠지. 입맛을 다시며 『파격!』 플래카드 아래를 지나간다. 벌써 10년 넘게 해 오는 말을 중얼거리면서. '운동… 살려면 이제 진짜 하긴 해야 하는데…'

집에 돌아와 시장에서 1,500원 주고 산 팽이버섯을 볶으며 아까 본 파격가를 떠올린다. 해본 사람들 말로는 확실히 좋다고는 하던데. 만 원 써도 9천 원 효용을 얻으면 비합리적인 소비고, 100만 원을 쓰더라도 101만 원어치의 효용을 얻으면 괜찮은 소비 아닌가.

아슬아슬 넘어갈 뻔했다. 어설픈 냉철함으로 파국을 맞을 뻔한 통장을 십년지기 친구 덕분에 지켜낸다.

"살기 위해서 운동하긴 해야 하는데… 이번엔 진짜 열심히 나갈 수 있을 것 같아."
"너 작년에도 똑같이 말하고 헬스 끊지 않았어? 3개월 끊고 몇

번 나갔댔지?"

"…3번."

"…헬스장에 기부 그만하고 그 돈으로 나랑 맛있는 거나 먹으러 다니자."

"역시 그렇지…?"

10년째 '운동 해야 하는데'를 반복했다는 건, 10년째 무수한 시도와 실패를 반복했다는 의미다.

"이번엔 진짜야. 부담 없이, 딱 가서 러닝머신 10분만 탄다는 마음으로 갈 거야!"

작은 목표로 시작했지만, 일주일 만에 나가떨어졌다. 10분 러닝머신은 1시간처럼 더디게 갔다. '재미없어… 역시 헬스장은 나랑 안 맞아.' 근력운동 기구들은 어쩐지 다가가기가 부담스러웠고 사용법도 몰랐다. 뭐랄까, 헬스장의 고인물들이 사용하는 고수의 영역 혹은, PT를 받는 사람들이나 다가갈 수 있는 영역 같았달까. 결국 내가 선택할 수 있는 선 기껏해야 러닝머신과 사이클뿐이었다. 그렇게 부담 없이 시작했고 부질없이 끝난 것만 몇 번인지 모른다.

불타는 열정으로 시작할 때도 다르지 않았다. 분명 헬스장 3개월 이용권을 끊을 때는 해낼 수 있을 것 같았는데. 이번에야말로 진심이었는데. 퇴근 후 바로 헬스장으로 향하겠다는 마음과 달리, 손은 언제나 집을 향해 핸들을 꺾었고 어느새 나는 소파에 누워 있었다.

다시, 10년째 '운동 해야 하는데'를 반복했다는 건, 10년째 무수한 시도와 실패를 반복했다는 의미다. 그러니 헬스장만 시도해 봤을 리가.

등산. 마침 전주 바로 근처에 모악산도 있겠다. 지리산, 한라산도 아니고 모악산 정도야! 근처 미술관에 주차한 뒤, 등산 진입로… 그러니까 입구까지 갔는데 숨이 찼다. 등산은 무슨, 지쳐서는 진입로 근처 보리밥 백반집에서 든든히 배를 채우고 돌아왔다.

배드민턴. 일단 둘이 모여야 할 수 있는 운동이라는 점에서 어려움이 있지만, 친구와 논다는 명목하에 운동까지 하는 일타이피의 효과를 누릴 수 있다. 실제로 분명 즐겁게 했다. 분명히 "우리 다음에 또 하자!" "좋아, 좋아!"라고 했었는데… 그게 2년 전이었던가.

수영. 그러고 보니 수영 예찬론자였던 적이 있었다. 처음으로 한 달 넘게 한 가지 운동을 해서 자신감에 차 있었달까. 수영의 좋은 점 (무릎 관절에 무리가 안 간다는 것부터 호흡에만 집중하는 시간이 무척이나 좋다 등등)을 설파하고 다녔다. 분명 수영은 너무나 매력적이다. 다만, 운동 전후로 꼭 샤워해야 하다 보니 은근히 시간이 오래 걸린다는 걸 간과했고, 나는 과정이 긴 것을 견디지 못하는 냄비근성 한국인이었다.

필라테스. 상상 속의 필라테스나 요가는 나와 정말 잘 맞을 것 같았다. 정갈한 분위기. 단정한 음악이 흐르는 안에서 천천히 내

몸에 집중하는 운동이라니. 사람 많고 자극적인 공간을 질색하는 내게 꼭 맞을 거라 믿어 의심치 않았다. 8회권을 끊고 다녔다. 잘 맞았다. 딱 2회까지만. 왜… 재미가 없지?

아, 집에서 하면 오며 가며 시간도 안 걸리니 할 수 있을 것 같아. 그렇게 30분 순환운동, 타바타, 땅끄부부, 요가, 층간소음 없는 각종 운동… 유명세 있는 유튜브 영상들은 죄다 시도해 보았다. 나름 일주일간 한 것도 있다. 그러나 새로운 운동을 시작할 때마다 꺼냈던 요가 매트는 어느 날 문득 깨달았을 때는 저 소파와 에어컨 사이 구석에 처박혀 있었다.

그래. 내가 무슨 운동이야. 운동은 나랑 안 맞아. 그렇게 실패한 운동들을 복기하는데 친구의 웃음소리가 들린다.

"그래도 넌 꾸준히 한다."

생각지도 못한 말이다. 꾸준히 '한다'라고? 당황한 사이 다른 소재로 대화가 넘어간다.

전화를 끊고도 그 말이 계속 떠오른다. 몇 개월 늘어져서 집-회사를 반복하다 도저히 안 될 것 같아 새로운 운동을 시작하고, 평균 일주일이면 관두곤 했는데. '꾸준하다.'라고 표현하기엔 너무 비어 있는 시간이 긴 거 아닌가. 게다가 '했다'라고 하기엔 그건…… 아닌가? 하긴 한 게 맞나? 그렇지. 하긴 한 거긴 한데.

생각해 보니 틀린 말은 아니다. '꾸준히'라는 건 일정 간격으로 멈추지 않고 한다는 거니까. (뭐 간격이 심히 길긴 하지만 그게 또 꾸준하지 않다는 의미는 아니다) 거기에 나는 항상 운동을 '못 해 왔다'라고 생각했는데, '한다'라는 표현으로 들으니 정말 내가 했던 것 같이 느껴졌다. 뭐, 한다는 게 별거 있나. 하루만 해도 한 건 한 거니까.

등산로 입구까지만 가서 밥만 먹고 왔대도, 집에서 등을 바닥에 붙인 채 핸드폰만 보던 날과 비교하면 어엿한 운동이라 할 수 있지.

파격 이벤트보다 더 한 파격 정신 승리인 것 같다는 생각이 스치지만, 슬그머니 무시한다. 무엇보다, 살기 위해서 이제는 정말 운동해야만 한다. 이건 생존의 문제다. 핸드폰으로 헬스장 PT를 검색하기 시작했다.

이번엔 정말, 진짜로 할 수 있을 것 같다.

아직은 15kg

"어때요? 이 정도 무게 괜찮아요?"

"으으, 네…니오오옥!"

5kg에서 15kg으로 늘리는 트레이너 강사님을 향해 급히 말을 바꿔 절규한다. 강사님은 못 들은 척 웃는다. 허벅지가 애처롭게 떨리지만, 체험으로 하루 PT를 받는 사람에게도 야짤없는 그의 태도가 (눈물 날 정도로) 감사하기도 하다.

이번엔 반드시 운동하겠다고 마음먹었지만, 역시 파격적인 PT 가격을 감당하긴 힘들었다. 그러던 중, 운이 좋게도 체험해 볼 수 있는 기회가 생겼고, 두 곳의 헬스장에서 각각 한 번씩 PT를 받게 된 것이다.

직장으로 평일은 받기가 어려웠기에, 주말 12시로 신청했다. 당연하게도 그날 아침 과거의 나를 흠씬 원망했다. 가기 싫다. 과거의 나야 대체 왜!

*

강사님과 눈이 마주친다. 가볍게 인사를 하고 바로 준비 운동을 한다. 이미 편한 운동복을 입고 왔기에 씻고 갈아입을 필요도 없다. 강사님을 지나쳐 혼자 '힙 어브덕션' 기구에 앉는다. PT를 받을 때 '레그 프레스'를 가장 먼저 하는 걸 추천해 주셨었지만, 그건 영 재미도 없고 무릎도 아프다. 하고 싶은 대로, 하고 싶은 만큼 헬스장에 다닌 지 3개월 차가 되었다. 맙소사. 3개월이라니! (세상 사람들 여기 보세요. 제가 운동을 3개월째 다니고 있다니까요!)

PT는 체험으로 끝냈다. 좋지 않아서가 아니다. (다시 말하지만, 문제는 파국적인 나의 통장이다) 오히려 올해 가장 잘한 일로 PT 체험을 자신 있게 꼽을 수 있다. 내가 3개월째 헬스장에 다니게 된 가장 큰 원동력은 바로 '근력 기구 운동'에 있고, PT를 통해 얻은 가장 큰 것은 바로 운동 기구에 '다가가기'다.

앞서 말했듯, 나는 이전에 헬스장에 등록할 때마다 러닝머신이나 사이클만 타다 일주일 만에 포기하곤 했다. 방패처럼 커다란 덤벨이 달린 운동기구는 너무 거대해 보여서 근육이 울룩불룩 솟아난 사람들만의 선유물처럼 보여 쉽게 늘어살 수 없었다. 조금 쉬워 보이는 기구에도 슬쩍 다가가 앉아 보기도 했으나, 키가 작았던 탓에 기구를 조절해야 했는데 몇 번 만져보다 괜히 머쓱하게 일어나곤 했다. 트레이너에게 물어보면 괜히 PT를 권유할까 봐 지레 겁을 먹었던 탓도 있었다. (물론 실제로는 아무도 신경조차 쓰지 않는다. 헬스장의 고인물들은 자신의 근육에만 전념하기에도 정신이 없다)

그랬던 내가 이제는 하찮게 5kg에서 15kg으로 스스로 올린다. 20kg짜리 우락부락한 방패를 빼고 작고 아담한 5kg짜리로 갈아 끼우기도 한다. 음. 딱 좋다. 천천히 허벅지를 밀었다가 당긴다. 허벅지 바깥쪽부터 엉덩이 근육이 단단해지며 수축하는 게 느껴진다. 명확히 근육을 쓴다는 게 감각되는 순간, 희열이 느껴진다. '오늘 좀 잘 되는데?' 팔 근육으로만 합 40kg 무게를 들고 있는 옆 사람 옆에서, 허벅지로 15kg을 하찮게 밀어내면서 천천히 내 근육에 집중한다. 하나, 훅, 둘, 훅, 셋… 스무 번 한 세트를 하고 바들거리는 허벅지로 기구에서 내려와 잠시 쉰다. PT 체험을 통해 기구에 앉아 보고, 조절해 보고, 당겨보면서 자신에게 맞는 무게를 찾고, 그리고 그 위에서 적당히 쉬기도 해도 된다는 걸

배운 덕분이다. 왜, 혼자 밥을 먹는 것도 처음이 어색하지, 몇 번 해보면 세상 편하고 행복하게 음미하고 있는 것과 비슷하다. 그런 식으로 근력운동을 조금 하다가 시간을 확인하면 자주 놀라고 만다.

'벌써 40분이나 지났다고?'

지금껏 도전했던 어떤 운동에서도 이런 시간 감각을 느낀 적이 없다. 운동하는 시간이 빨리 간다니. 3개월 차에도 흠칫, 놀라는데 처음 근력 기구 운동을 하고는 얼마나 놀랐는지 모른다. 그제야 알았다.

나는 헬스장 기구를 사용해서 근력운동을 재밌어하는 사람이었다는 걸. 그건 신선한 충격이었다.

*

이전에 내가 생각한 운동 추구미는 요가, 필라테스, 러닝머신이었다. 조용히. 혼자서. 단정하게. 그런데 실제는 바들거리며 하찮은 모습으로 하는 근력운동이라니. 조약돌만 한 무게를 들어 올리겠다고 무릎 보호대까지 차고 있는 모습을 거울로 보자면 어이가 없을 지경인, 이 모습이 말이다. 아마 해보지 않았다면 절대 알지 못했을 테다.

내가 생각하는 나와, 내 몸은 때로는 전혀 달랐다.

읽고 쓰며 마음을 바라보는 시간은 종종 가지곤 했다. 그런데 생각해 보니, 몸에 대해서는 고민한 적이 없었다. 마음도 해 봐야 아는 것처럼 몸도 써봐야 아는구나.

그러니까 새삼스레 '이제 15kg은 껌이네!'하고 20kg으로 올려서 해봐야 아는 것처럼 말이다. 인간이란 역시 같은 실수를 반복하고, 직접 해봐야만 아는 것이다.
'하느아… 두… 아, 잠깐. 이거 아닌데.'
기구에서 내려와 다시 15kg으로 슬며시 무게를 내린다. 음, 이게 딱 좋다.

내 몸 하나 지탱하기

PT 체험으로 불가리안 스쿼트를 배우는 중이었다. 아무 무게도 들지 않고 맨몸으로 하는데도, 몸을 가누지 못했고, 다리를 바들거리며 휘청였다. 내려가지도 올라가지도 못한 채 결국 옆에 있는 기구를 붙잡았다. 강사님은 안타까운 듯 말했다. 근육이 정말 없긴 없으시다고. 그리고 덧붙였다.
"사람이 자기 체중도 지탱하지 못하면 안 돼요."

*

이전 회사에 다니던 때였다. 아무 생각 없이 복도를 걷고 있는데, 뒤에서 옆 팀 선배가 나를 부르는 소리가 들렸다. 그는 내게 무슨 일이 있느냐고 물었다.

"아니, 너무 쓰러질 듯이 걷고 있어서. 어깨 좀 피고. 응?"

그는 내 어깨를 툭툭 치며, 자신은 이번 주말에 낚시하러 갈 거라며 한참을 떠들었다.

이상하다고 생각했다. 당시 나는 무척 자주 그런 말을 들었다. '무슨 일 있어?', '어디 많이 아파?', '밥 안 먹었어? 왜 이렇게 비실거려.', '주말에 뭐 했길래 그래?'

물론 지긋지긋하고 숨 막히고 지쳤으나, 그저 매일 똑같은, 딱 그 정도였을 뿐이다. 아무 생각이 없을 때도, 그냥 걷고 있는 것일 뿐이었는데도 사람들은 내게 '똑바로 좀' 서 있으라고 했다.

그 말들이 어쩐지 부끄러웠다. 내가 제대로 서 있지 못하고 휘청휘청 흔들리고 있다는 사실을 들킨 것 같아서. 회사는 그러면 안 되는 곳인데 티가 났구나 싶어, 괜히 웃었다.

"아니에요. 안 아파요. 에이, 지 정말 잘 걷고 있는 거예요. 네? 주말에요? 저는 그냥 누워서 쉬려고요. 전 정말 그게 제일 재밌어요. 하하."

그랬던 나와는 대조적인 친한 직장 동료가 있었다. 그녀는 나와 비슷하게 힘이 없어 보이면서도 동시에 필요할 때면 할 말을 제대로 해내는 사람이었다. 종종 동공에서 영혼은 빠져나가 보일지언정, 똑바로 걸었고, 계단을 다람쥐처럼 빠르게 오르내렸다.

그녀는 헬스에 진심이었다. 힘없이 사무실 의자에 앉아 있다가도 퇴근할 때면 주섬주섬 회사 옆 헬스장에 간다며 묵직한 운동 가방을 챙겼다. 함께 1박2일 여행을 간 날, 숙소에서 맥주를 까며 그녀는 내게 팔뚝과 복근을 자랑하기도 했지만, 가장 강조하는 건 단연코 엉덩이였다. 다른 건 다 안 해도 엉덩이 운동만큼은 해야 한다며 내게 몇몇 동작을 알려주기도 했다.

그녀가 "쥠님, 쥠님! (주임님) 엉덩이 근육!"을 외칠 때마다 나는 매가리 없이 반응했다. "어… 어어, 네…"

아니, 서 있기도 힘든데 운동을 어떻게 하나요.

결국 외면의 대가로 건강이 망가졌다. 회사를 그만두고 몇 개월을 백수로 쉬는 동안에도, 이후에 제법 잘 맞는 직장에 새롭게 들어갔을 때도 나는 그것이 마음의 문제라고만 생각했다. 그래서 당시 회복의 최우선 방법은 오로지 '편안한 휴식'이었다. 힘들어? 쉬자. 지쳐? 오늘은 나가지 말자. 답답해? 잠 일찍 자자. 약속? 일주일에 두 번. 그 이상은 절대 안 잡아.

물론 마음의 문제로 건강이 망가진 점도 상당히 컸던지라, 분명 효과는 있었다. 그런데 어느 정도까지만 회복될 뿐, 무언가 그 이상으로 나아지지 못했다. 뭐랄까, 가뿐한 상태가 없이, 간간한 생명력으로 간신히 이어가는 느낌이랄까.

*

문득, 서로를 "쥠님! 쥠님!" 하며 부르던 그녀가 떠오른다. 내가 퇴사하고 1년 정도 후, 그녀도 회사에서 나왔다는 소식을 알렸다. 이제 우리는 같은 곳에 있지 않지만, 나는 종종 그녀가 생각난다.

그래, 가령 지금처럼 4층 계단을 오르며 엉덩이 근육의 힘을 느끼며 계단을 오를 때, 처음으로 직장의 동료에서 친구가 된 그녀를, 그리고 엉덩이를 떠올리는 것이다.

안타깝다. 만약, 그녀가 지금 엉덩이 근육 중요성론을 강연한다면, 나는 내가 가진 모든 활력과 에너지를 듬뿍 담아 반응할 수 있을 텐데.

계단을 오르는 게 그렇게 좋은 운동이라는데, 아직 나는 근육을 제대로 사용하지 못해서인지 어렵다. 바쁘지 않을 때면 한 칸 한 칸 엉덩이와 허벅지 근육을 느껴보려 애쓰며 오른다. 발바닥으로 땅을 밀어 올린다는 느낌으로 엉덩이를 위로 끌어올린다. 엉덩이에 단단하게 힘이 들어가고, 발바닥 전체에 땅이 딱 붙는 게 느껴진다. 그리고 반듯하게 선다.

내 몸을 내가 지탱한다는 감각. 그건 마음만으로 온전히 반듯해지는 게 아니었다. 마음에 엉덩이가 더해져야 한다. 진짜 '근육'이 필요하다.

*

사실, 헬스장에 다닌다고 그렇게 입을 털고 다녔으나 일주일에 한두 번 다니고 있다. 여전히 꾸준하게 직장을 다니며 근육을 사용하는 일은 정말이지 '갓생' 사는 분들의 영역이다. 딱 내가 하고 싶은 정도로만 무게를 올리다 보니 근육량이 거의 늘지도 않았다. 그럼에도 마음만은 진심이라 (마음만으론 근육이 길러지는 게 아니란 걸 배우고도) 근손실은 절대 안 된다며, 주말에는 헬스장, 평일에는 집에서라도 운동하려고 노력하는 중이다.

얼마 전, 집에서 와이드 스쿼트를 하던 중 문득 처음 PT 체험 때 배웠던 불가리안 스쿼트가 떠올랐다. 지금이면 되지 않을까? 오른쪽 다리를 의자에 올린 뒤, 왼쪽을 서서히 굽혀 내려간다. 바들바들 떨리며 몸이 휘청, 한다. 아, 아직 아니구나.
이 중력의 세상에서 내 몸 하나 지탱하는 건, 역시 쉽지 않다.

마치며. 탕자의 낭만

낭만과 순정을 잊는 나이는 빨라지는데, 정작 스스로 밥벌이를 책임지는 나이는 더 늦춰지는 것 같다. 서른 중반. 나는 아직도 살궁리에 종종 삐걱댄다.

월세, 공과금, 연금, 보험, 저축, 생활비… 아, 또 기름값이 오르기 시작하고 달걀값은 이미 올랐단다. 출근하사마사 눈에 들어오는 인터넷 메인 뉴스를 보니, 한숨이 절로 푹 나온다. 오늘 아침 폭폭- 삶던 달걀 두 알을 떠올리는 데에서 시작해, 위태롭고 폭폭한 세계 정세까지 다다르고 나면 '그래, 이번 주도 잘 붙어있자.'라며 다짐하게 된다.

'7일 중 5일을 출근하는 건 말도 안 되는 일이다, 그건 일하려고 사는 삶 아니냐, 적어도 나를 위한 삶이 반절은 되어야 진짜 삶이라고 볼 수 있는 것 아니냐' 따위의 지향과 신념은 살포시 접어둔다. 닿기가 요원해 보이는 신념이 철없는 낭만으로 전락하는 건 무척 쉬운 일이다. 낭만과 꿈을 찾아 호기롭게 퇴사하고, 한동안은 그렇게도 지냈으나 논이 떨어지면 돌아오는 탕아처럼 다시 입사 지원서를 작성했다. 다시 평일의 5일간 출근하고, 퇴근한다. 하지만… 역시, 탕자가 그렇게 쉽게 철이 들 리가?

애초에 바로 철이 들 수 있는 인간이라면 쥐뿔도 없는 상태에서 퇴사하지는 않았겠지. 역마살에 괜히 살벌한 '죽일 살(殺)'이 들어간 게 아니다. 진득이 한 곳에 있지는 못하는 성정에, 그냥 어찌어찌하다 보니 '이게 내가 살고 싶은 낭만이었구나.' 알게 된 거고… 그러니 생존력이니 살아있는 느낌이니 따위로 포장했지만, 사실 주말 아침 늦잠을 포기하고 일어나는 건 어떻게든 제멋대로 살고 싶은 걸 포기하지 못한 탕자의 낭만이 맞을지도 모른다. 그런데, 그게 뭐 어떤가. 낭만은 원래 좀 철없어야 제맛이지.

이왕 탕자인 김에 느슨하게나마 꾸준히 글을 쓰는 사람이 되고 싶다는 은밀한 욕망을 계속해서 품고 있을 생명력을 잃지 않았으면 좋겠다. 남들에게 휘청휘청 흔들리지 않고, 내 몸 하나 지탱할 줄 아는 탕자면 좋겠고. 그렇게 열심히 엉덩이 근육을 길러서 하고 싶은 일을 주말에 너끈히 하고, 평일은 입 싹 씻고 태연히 다니는 단단한 체력을 키우고 싶다.

물론, 그럼에도… 역시 누워 있는 주말은 행복하다. 편하고 아늑하다. 늦잠의 소중함에 대해 논문 한 편을 쓸 수도 있을 것이다. 일어날 생각을 하니 벌써 한숨이 나온다. 여전히 매주 108번뇌에 빠진다. 하루쯤은, 싶은 마음이 스멀스멀 올라온다. 탕자의 낭만을 실현시키는 건 신청할 때의 내가 아니라, 미래의 나였다. 결국 오늘도 나를 미치게 만드는, 하고 싶은 일들을 떠올리며 후회한다. 과거의 나야, 대체 왜…?

신나라

산책자, 먹자 두 가지 취미로 신나게 살아가는 사람입니다. 산책하며 먹었던 음식, 그 여유로운 순간들을 기록합니다. 지금 느끼는 맛과 감정, 그것은 여유로운 여행이자 모험이기도 합니다.

＊

한결같은 맛,
그 기억의 순간들

신나라 에세이

행복의 맛

맛있는 음식을 먹으면 행복해지는 순간이 있다. 그 순간의 기분을 오래 간직하고 싶어 나는 먹은 음식 사진을 기록한다. 심지어 음식의 흔적만 남은 접시도 찍는다. 이제 이 행동은 나의 일상이 되었고, 허기진 마음을 달래는 방법이 되었다.

맛있는 음식을 먹을 때면, 누군가와 그 맛을 함께하고 싶다는 소망이 생긴다. 그 소망은 점점 커져, 그 음식을 오래도록 간직하고 싶다는 마음으로 바뀐다. 내가 좋아하는 음식을 먹을 때마다, 그 맛을 나만의 비밀처럼 간직하는 것이 아니라, 다른 이들과 공유하고 싶은 마음이 들곤 한다. 자주 찾는 가게에서 내가 좋아하는 음식을 먹으며, "맛있다. 이 음식을 누군가와 함께 먹고 싶다"라는 생각이 자연스럽게 생긴다.

"언제나, 이 음식을 먹고 싶다"라는 마음이 깊어져만 간다. 이 음식의 맛이 한결같았으면 하는 바람, 이 음식을 먹을 때마다 내가 행복했으면 하는 마음 같은 것이다.

일요일 아침, 나는 늦잠 대신 맛있는 음식으로 일상을 깨운다. 어릴 적, 부모님은 내가 늦잠을 자면, 맛있는 음식을 준비해 놓고 나를 깨웠다.

"나라야, 밥 먹자. 오늘은 무슨 요리야~"라고 외치거나, 때로는 음식 냄새로 나를 유혹하곤 했다. 덕분에 아침밥은 내게 습관이 되었고, 여행을 가도 조식은 반드시 거르지 않는다.

어느 날은 아침밥을 먹기 위해 늦잠을 과감히 포기하기도 한다.

여행의 묘미는 음식이기에, '식도락 여행'을 위해 여행 코스를 짜기도 했다. 내 주변 지인들과의 추억은 음식으로 만들어졌다고 해도 과언이 아니다. 그들은 나와 음식으로 인연이 되었고, 그 맛은 내게 각별한 의미를 남겼다.

이제는 음식이 나를 표현하는 도구가 되었다. 나는 "이 음식이 먹고 싶다"라는 말로 내 기분을 전달한다. 예를 들어, 내가 매운 음식을 먹고 싶을 때, 그건 기분이 답답하거나 화가 났다는 것을 표현하는 것이다. 빨갛고 매운 음식, 쫄깃한 식감이 있는 음식은 기분을 풀기에 딱이다. 매운 음식을 먹으며 숨이 거칠어지는 것처럼, 씹는 행위가 거칠어지고 먹는 속도가 빨라지면, 그날이 얼마나 슬프고 화가 난 날인지 알 수 있다. 질겅질겅 음식을 씹다 보면, 그날의 화도 풀리고, 마음속 응어리도 사라진다. 때로는 음식을 씹지도 않고 삼켜버릴 때도 있다. 그건 그날의 기분을 삼키고자 하는 내 마음의 표현이다. 마음속 응어리가 없어지기를 바라며 먹는 이 음식은, 나의 감정을 드러내는 확실한 방법이 된다.

음식으로 내 속의 응어리가 풀리면, 기분도 풀리고, 배부름으로 내 마음도 채워진다. 음식은 이렇게 나를 표현하고 나를 채워주는 존재가 된다. 먹는 게 취미다 보니, 살이 찐 나를 보고 놀리거나 매번 음식 이야기만 하는 나를 보고 나무라는 사람도 있지만, 음식 덕분에 내 하루는 늘 즐겁다. 나의 일과는 맛있는 음식으로 시작되어 지속되고, 지켜지고 있다. 이제 맛있는 음식은 내게 추억이자 일상이 되었다.

맛있는 음식을 먹을 때면, 종종 생각나는 노래가 있다. 그 노래는 김목인의 '한결같은 사람들'이란 곡이다. 한결같은 맛, 한결같은 음식을 만들고 있는 가게들이 있다. 익숙한 공간에서 변함없이 맛있는 음식을 만들어 주는 사람들. 그런 사람들의 이야기, 그 가게들의 맛을 소개하고자 한다.

길에서 만난 맛집

음식을 먹는 일은 때로 작은 의식 같은 순간이 되기도 한다. 그 날의 기분과 기대가 담기는 시간이기에 늘 신중해진다. 그렇게, 나에게 맛집을 찾는 일은 습관이자 일상이 되어버렸다. 무료한 날이면 지도를 펼쳐 주변의 맛집을 검색하고, 낯선 골목을 걸으며 눈에 띄는 가게에 들어가 보기도 했다.

하루 한 끼는 단순한 허기를 채우기보다, 음식으로 마음을 채우기 위한 행위이다. 마음에 드는 가게를 찾아, 맛있는 음식을 먹고, 그 순간을 온전히 즐기는 일이 되었다. 나는 종종 길을 걷다가 마음에 드는 가게를 만나면 혼자 흐뭇해지곤 한다. 누군가와 그 이야기를 나누고 싶어지고, 결국 글로 남긴다. 맛있는 음식은 내가 걸었던 거리, 그날의 공기와 풍경과 함께 기억 속에 저장된다.

이제 음식은 내게 단순한 식사가 아니다. 그것은 발걸음을 이끄는 이유이자, 일상 속의 작은 모험이며, 거리 위에서 만나는 또 하나의 풍경이다. 나는 먹는 즐거움으로 산책을 시작하고, 낯선 골목에서 또 하나의 이야기를 만난다.

그래서 오늘도, 내가 만난 맛있는 거리의 이야기들을 기록해두려 한다.

오래된 한결같은 길, 진북동

인생의 대부분을 진북동에서 보냈다. 한때는 차 없는 뚜벅이로 살며, 진북동의 골목골목을 발로 익혔다. 전주 시내 객사에서도, 전북대학교에서도 도보 30분. 그 거리들은 내게 매일의 산책이자 일상이었다. 약속이 생기면 걸어 나가고, 걸어 돌아오며 동네를 천천히 체득해 나갔다.

그렇게 걷던 시간 속에서 진북동은 늘 한결같았다. 골목은 여전히 그 자리에 있었고, 작은 가게들과 카페들은 오히려 세월을 품은 듯 더 단단해졌다. 나는 이 여름, 그 익숙한 길 위에서 다시금 반짝이는 공간을 마주하게 되었다.

* 햇살 아래 선명해지는 공간, 알보그 *

여름 산책은 조금 특별하다. 숨이 턱턱 막히고, 피부에 내려앉는 햇살은 따갑기까지 하다. 그런 순간에도 반짝이는 장면은 있다. 바로 여름 햇살이 공간을 또렷하게 비춰주는 찰나의 순간이다. 진북동 주택가 골목 안에 자리한 카페 '알보그'는 그 햇살 속에서 유독 선명하게 빛나는 공간이다.

가게 이름은 덴마크의 도시 'Aalborg'에서 따왔다. 빨간 벽돌로 이루어진 건물, 투명한 유리창 너머로 보이는 알록달록한 소품들, 그리고 사장님이 손수 기른 식물들이 어우러져 여름의 싱그러움을 한껏 머금고 있다. 그 분위기만으로도 이미 충분히 매력적이지만, 무엇보다 반가운 건 문을 여는 순간 퍼지는 고소한 원두 향이다.

알보그의 드립 커피는 직접 로스팅한 원두로 내린다. 진한 풍미 속에 산뜻한 산미가 살아 있어, 산책 끝에 마시는 한 잔으로 갈증이 시원하게 씻긴다. 가격도 부담 없이 착하다. 커피를 즐기지 않는 이들을 위해 과일차, 에이드 등 다양한 메뉴가 마련되어 있어 누구든 편하게 머물 수 있다.

이곳은 분위기 좋은 카페, 그 이상이다. 음식 반입이 가능해 자유롭게 쉬어갈 수 있고, 공간 곳곳에는 인문 서적과 감각적인 소품들이 놓여 있어 천천히 머무르기에 좋은 공간이다. 전주 고속버스터미널에서도 멀지 않아, 관광을 마치고 들러 잠시 숨을 고르기에 안성맞춤이다.

알보그는 진북동 골목길에서 만나는 작은 휴식처 같은 곳이다. 한여름 햇살 아래 빛나는 그 장소에서, 나는 오늘도 잠깐 머물며 나를 쉬게 한다.

- 전북 전주시 덕진구 숲정이3길 22 1층(진북동 434-124)

* 원두가 쌀자루처럼 가득한 카페, 씨랩 *

숲정이길을 따라 걷다 보면 또 하나의 향긋한 공간이 있다. 바로 '씨랩'이다. 이곳은 단순한 카페가 아니다. 30년 가까이 커피만을 연구해 온 사장님이 원두를 직접 볶고, 판매하며, 이야기를 나누는 공간이다.

입구를 열면 무수한 원두 포대가 눈길을 끈다. 다양한 기계와 진열된 드립백은 커피를 좋아하는 이라면 누구나 바로 빠져들 것이라 확신한다. 예약을 통해 더 다양한 맛을 경험할 수 있는 이 카페는 커피에 전문적인 곳으로, 깊이 있는 맛을 추구한다면 한 번쯤 문을 두드려 볼 만하다.

- 전북 전주시 덕진구 숲정이2길 28 1층(진북동 834-8)

* 휘낭시에가 주는 달콤한 휴식, 빠작 휘낭시에바 *

숲정이 어린이공원 근처, 선명한 주황색 간판이 눈길을 끄는 작은 카페가 있다. 작고 아담한 이곳은 감각적인 분위기로 가득 차 있고, 한 걸음 들어서는 순간, 구움과자의 달콤한 향이 코끝으로 들어선다.

이곳은 휘낭시에와 구움과자가 가득한 디저트 천국이다. 휘낭시에 하나하나에도 정성이 담겨 있다. 꿀떡, 깨, 고구마, 마카다미아 등 개성 있는 재료를 활용한 다양한 맛이 있어 고르는 재미도 쏠쏠하다. 커피 역시 구움과자와 곁들이기에 손색없이 정성스럽게 내려진다.

이 집의 특별함은 단지 맛에만 있지 않다. 포장지 하나까지도 감각적으로 구성해, 휘낭시에를 명품 미니 백처럼 포장해 준다. 에르메스를 닮은 작은 상자 안에 담긴 과자를 꺼낼 때면, 마치 특별한 선물을 받은 듯한 기분이 든다. 소박한 공간이지만, 분위기 있는 인테리어와 조용한 음악 덕분에 디저트를 즐기며 잠시 쉬어가기에도 제격이다.

빠작 휘낭시에바는 그저 디저트를 파는 곳이 아니라, 짧지만 확실한 휴식을 선물해 주는 공간이다. 달콤한 한 입과 함께 일상의 속도를 잠시 늦춰보는 곳, 그래서 더 기억에 남는 장소다.

- 전북 전주시 덕진구 벚꽃로 22(진북동 1037-41)

산책을 좋아하는 나에게 진북동은 유독 특별한 동네다. 그 이유는 단순하지만 분명하다. 이곳에는 오래된 주택가가 만들어낸 고유한 풍경과, 그 안에서 생겨난 다양한 공간들이 있기 때문이다. 낡은 집을 개조해 만든 카페, 골목 깊숙한 공방, 유리창 너머 조용히 빛나는 작은 갤러리까지. 길을 따라 무심히 걷다 보면, 그 단단하고 오래된 공간들이 문득 눈에 들어온다. 그러다 한 걸음 멈춰 문을 열고 들어가면, 낯선 듯 익숙한 온기가 나를 맞이한다.

무심코 들어선 골목에서, 햇살이 반사된 유리창 속에서, 커피 향에 이끌려 들어선 문 안에서, 나는 계절을 만나고 사람을 느끼며 잠시 나를 쉬게 한다.

진북동은 그런 산책이 가능한 동네다. 익숙하지만 늘 새롭고, 조용하지만 언제나 이야기가 흐른다. 나는 이번 여름도 이 거리를 걷고, 멈추고, 다시 걷는다. 그리고 어느 순간, 이 거리에서 만난 이야기를 누군가에게 꼭 들려주고 싶어진다.

기억과 맛의 산책, 금암동

산책하다 보면 풀리는 생각들이 있다. 길을 걷는 일에 집중하고 있으면, 복잡했던 머릿속이 말끔히 비워지기도 한다. 음식도 그렇다. 맛있는 음식 앞에선 그 맛에 몰입하게 되어, 그 순간만큼은 모든 생각이 멈춘다. 음식은 누구와 함께하든, 오직 '맛있는 그 순간'에 집중하게 만드는 마법이 있다. 금암동에는 유난히 맛있는 맛집이 많다. 전북대와 터미널이 가까워 관광객들이 찾을만한 특징적인 맛집이 있기도 하다. 금암동에서 산책하며 만날 수 있는 맛집, 정겨운 맛집들을 소개하고자 한다.

✳ 싫었다고 할지라도, 정다운 집 ✳

가끔은 잊고 싶은 사람들도 음식의 기억 속에서는 조금씩 미화되곤 한다. 나에게는 3개월간 다니다 퇴사한 회사가 있었고, 금방 그만둘 만큼 그 회사에서 좋은 추억은 없었다. 그 시절은 내 기억 속에서 빠르게, 그리고 희미하게 사라졌다.

하지만 이상하게도, 그 회사와 관련된 기억 속에서 단 하나 따뜻하게 남아 있는 장면이 있다. 바로 '임자탕'이다

입사 첫날, 나를 향해 "점심 먹으러 갈까?"라고 말을 건넨 그들이 안내한 첫 식당이 바로 '정다운 집'이었다. 입사 첫날이라 어색했던 기간이었지만, 그날만큼은 임자탕 덕분에 그들의 행동들이 하나하나 따뜻한 기분이었다.

임자탕은 들깨를 주재료로 한 음식으로 도토리 반죽을 넣어 끓인 국물 요리이다. 정다운 집에서는 임자탕과 함께 나오는 표고밥, 곤드레밥 등을 판매하며, 음식을 주문하면 조밥, 부침개, 그리고 정갈한 반찬들까지, 정성 어린 한 상이 마음까지 채워준다. 꾸덕한 들

깨 국물 한 숟갈에 마음이 부드러워지고, 쫀득한 도토리 수제비가 씹힐 때마다 감칠맛이 살아난다.

　그 회사를 떠난 후에도 나는 이곳을 자주 찾았다. 엄마와도, 친구와도 함께 와서 슬겼다. 다들 "이런 음식이 있다니!" 하고 감반하는 모습을 지켜보며 뿌듯함을 느끼기도 했다. 고속버스 터미널 근처, 구 국민은행 사거리 뒤편 골목에 조용히 자리 잡은 이곳은 검색하면 리뷰가 많지 않지만, 식사 시간엔 늘 만석이다. 정말 아는 사람만 아는 금암동의 숨은 보석 같은 곳이다. 아마도 임자탕이 주는 온기 덕분에, 그 시절의 사람들마저도 내게는 좋은 기억으로 남게 된 건지도 모르겠다.

- 전북 전주시 덕진구 떡전4길 26 1층(금암동 756-10)

* 야채로 내는 칼칼한 그 맛 - 새움 가맥 *

　정다운 집을 나와 구 국민은행 맞은편 골목을 따라 걷다 보면, 또 하나의 기억 속 가게가 나온다. 바로 '새움'이다. 이름보다도 강렬하게 남는 건 단연, 그 맛이다.

　이곳은 단순한 치킨집이 아니다. 전주 특유의 '가맥'(가게+맥주)'으로, 깻잎 치킨이 시그니처 메뉴다. 보통 깻잎은 고기를 싸 먹는 용도로 익숙하지만, 이곳의 깻잎 치킨은 전혀 다르다. 바삭한 튀

김 옷 사이로 은은하게 퍼지는 깻잎의 향과 양념의 매콤함이 잘 어우러진다. 이 '적당한 매움'이 이곳의 큰 강점이다. 청양고추가 없어도 얼큰한 맛을 낼 줄 안다. 매운 음식을 잘 못 먹는 사람도 즐기기 좋은 수준이다. 시원한 맥주를 아이스박스에서 직접 꺼내 마시는 재미도 있다. 생맥주는 없지만, 그래서 더 매력적이다.

깻잎 치킨 외에도 인기 있는 메뉴가 하나 더 있다. 바로 파골뱅이. 파와 함께 양념한 골뱅이를 국수와 비벼 먹는 이 요리는 야채로 매운맛을 낸다. 화끈함보다는 감칠맛이 특징이라 입에 착 붙는다. 게다가, SNS에 사진을 올리면 복숭아 통조림을 서비스로 준다. 회사 사람들과 회식할 때 종종 이곳을 추천하곤 했다.

- 전북 전주시 덕진구 기린대로 364-37 1층(금암동 720-36)

* 혼자 가도 풍성하게 먹을 수 있는 라멘집 – 멘야케이 *

산책을 하다 보면 어김없이 배가 고파진다. 홀로 걷는 길에서 음식을 먹을 수 있는 가게는 그리 많지 않다. 전주에는 푸짐한 음식들이 많지만, 홀로 가기에 적합한 맛집은 드물다. 앞서 소개한 '정다운 집'과 '새움'은 혼자 가기엔 조금 어려운 곳들이었다.

그렇지만 이곳, 전주 고속 터미널 근처에 위치한 멘야케이는 홀로도 부담 없이 즐길 수 있는 맛집이다. 이곳은 일본 라멘 전문점으로, 한국의 맛이 느껴지는 전주 모악산 콩나물 라멘이 유명하다. 산 더미처럼 쌓인 콩나물이 라멘 위에 풍성하게 올라가, 먹으면서 풍부한 야채와 고기를 마음껏 즐길 수 있다.

기본적인 라멘은 고기 국물로 다소 느끼할 수 있는데, 여기 라멘은 콩나물이 풍성하게 들어가고, 간 마늘을 듬뿍 넣어 느끼함 없이 매운 향과 칼칼한 맛이 나는 것이 특징이다. 고기 국물의 깊은 맛과 매운 향이 어우러져, 일본 라멘을 입문하는 데 적합한 집이다. 또한 라멘과 함께 제공되는 볶은 갓김치는 이 집의 매력을 더한다. 주메뉴는 라멘이지만, 감자눈꽃교자도 드셔보시길 추천한다.

- 전북 전주시 덕진구 떡전4길 18(금암동 757-1)

금암동의 골목은 익숙하지만, 늘 새로운 가게들로 채워진다. 그 안에서도 여전히 자리를 지키는 몇몇 가게들은 내게 단단한 기억으로 남아 있다. 변해가는 풍경 속에서도 한결같이 머무는 이 공간들은, 어느새 내 일상의 버팀목과도 같은 존재가 되었다.

이제 그 가게들은 단순히 음식을 먹었던 장소가 아니다. 기쁨과 위로, 때로는 쓸쓸함까지 담긴 나의 감정과 시간이 엉켜 있는, 조용한 기억의 장소다. 모든 기억이 다 좋았던 건 아니지만, 맛있는 음식이 함께했던 순간들은 늘 조금 더 따뜻하게 남는다.

가끔씩 그 골목을 다시 걷는다. 산책하듯, 조용히 추억을 되새기

듯. 그 길 위에서, 나는 오늘도 다시 한번 위로받는다.

빵 따라 걷는 길, 아중리

길을 걷다 보면 입이 심심해진다. 그때, 문득 어디선가 풍겨오는 빵 굽는 냄새에 고개가 절로 돌아간다. 그것은 단순한 향이 아니라, 발걸음을 멈추게 하는 마법이다. 작은 가게 앞을 스쳐 지나가다 보면 나는 어느새 가게 안으로 들어간다. 따끈한 빵 하나를 입에 넣는 순간, 그날의 산책은 특별한 기억이 된다.

빵은 늘 그렇게, 우연히 나를 사로잡는다. 정신없이 먹고 나면 이런 생각이 든다. '이 맛을 또 먹고 싶다. 누군가와 함께 나누고 싶다.' 그리고 결국 나는 빵을 한가득 사고 나온다. 그날의 향과 식감, 그리고 길 위에서 마주한 설렘까지 담아서 말이다.

내가 빵을 좋아하는 이유는 단연 '식감' 때문이다. 특히 바게트처럼 발효가 잘든 빵에 마음이 산나. 겉은 난난하시만 셜고 박박하지 않고, 바삭하게 부서지며 속은 촉촉하고 쫄깃하다. 잘 만든 바게트는 씹을수록 밀가루의 풍미가 고스란히 느껴진다. 단맛도 짠맛도 과하지 않고, 담백한 그 맛 안에 깊은 여운이 있다.

빵은 반죽의 상태, 발효의 시간, 구워내는 온도에 따라 맛이 완전히 달라진다. 어떤 것은 고소하고, 어떤 것은 시큼한 풍미가 입안에서 오래 머문다. 누군가는 그런 맛을 밋밋하다고 말할지도 모르지만, 나는 그런 식의 절제가 빵 본연의 맛이라고 믿는다. 군더더기 없이 재료의 결을 살리는 빵, 오래 씹을수록 진한 맛이 우러나는 빵, 나는 그런 빵을 좋아한다.

그래서일까. 나는 자연스레 발효에 진심인 빵집들을 찾아다니게 됐다.

가장 기억에 남는 곳은 일본 후쿠오카의 '텐진'이라는 지역, 나카스 강가에 있는 빵집이다. 오픈 전부터 줄이 늘어선 그곳은 빵을 좋아하는 사람들에게는 이미 성지 같은 공간이다. 명란이 알차게 들어간 바게트를 비롯해, 하나하나 정성이 담긴 빵들이 가득했다. 대표 메뉴는 하루 세 개까지, 사장님께 직접 말해야만 건네받을 수 있었고, 빵마다 풍미가 달라 마치 책장을 넘기듯 새로운 맛을 경험할 수 있었다.

빵을 잘 굽는 집은, 결국 어떤 빵을 먹어도 실망이 없다. 반죽과 발효에 얼마나 정성을 쏟았는지, 한 입이면 알 수 있다. 그래서 나는 오늘도 그런 빵집을 찾아 걷는다. 단단하면서도 부드러운, 긴 시간이 고스란히 담긴 빵을 만나기 위해서 말이다.

여행을 떠날 때면 그 지역의 빵집부터 검색한다. 그곳에서만 맛볼 수 있는 빵을 찾는 일은 나에게 또 하나의 목적이 된다. 어떤 도시에서는 빵이 곧 그 지역의 대표 음식이 되기도 한다. 성심당의 대전, 뚜쥬르의 천안처럼, 빵은 지역의 자랑이자 관광의 매개체가 되곤 한다.

내가 사는 전주에도 빵집이 많지만, 특히 아중리는 빵 냄새로 거리가 환해지는 동네이다.

＊ 정직한 맛으로 건강한 빵을 만드는, 우리밀 누룩꽃빵 ＊

아중리에는 건강한 재료와 정직한 맛으로 유명한 빵집이 하나 있다. 아중 호수 천변 골목에 숨어 있는 이 가게는 설탕, 조미료, 방부제를 일절 사용하지 않는다. 전남, 경남, 진주 지역의 우리 밀 세 종류를 섞어 빵을 만들고, 그 안에서 자연스러운 신맛과 깊은 향이 피어난다. 특히 동물성 재료 없이 만드는 비건 빵은 쫄깃하고 부드러워, 그 결이 참 고운 집이다. 깜빠뉴, 홍국식빵, 쑥빵, 올리브빵 같은 빵들이 몸을 건강하게 채워준다.

- 전북 전주시 덕진구 석소5길 17(우아동2가 893-3)

＊ 진심을 다해 굽는, 플라위 윅스 ＊

호수 건너 견훤로를 따라가다 보면 또 하나의 빵집이 나온다. 이곳은 오픈형 주방을 갖춘 카페형 베이커리다. 이스트를 쓰지 않고, 유기산과 젖산이 풍부하게 들어간 천연 발효 빵을 만든다. 빵을 굽는 모습을 눈앞에서 볼 수 있고, 넓은 카페 공간에서는 발효빵과 맥주를 함께 즐길 수도 있다. 바게트, 깜빠뉴, 베이글 등 겉은 바삭하고 속은 촉촉한 하드 계열 빵들이 정성껏 구워져 나온다.

- 전북 전주시 덕진구 견훤로 326(인후동1가 755-7)

✳ 한결같은 풍성함, 하니비 베이커리 ✳

조금 더 걸으면, 오래된 아파트 단지 근처에서 한결같이 자리를 지키고 있는 오래된 빵집을 만나게 된다. 이곳은 1999년, 인후동에서 처음 문을 열어 20년 가까이 지역 주민들의 곁에 머물렀다. '꿀벌처럼 부지런히 일해 달콤한 빵을 건네고 싶다'는 이름처럼, 정직한 재료로 매일매일 빵을 구워낸다. 우유 생크림과 쌀밀, 건강한 재료들이 어우러져, 이 빵집에 들어서면 푸근한 기분을 느낄 수 있다.

이곳의 빵은 프랜차이즈 빵집들과는 다르다. 다양한 빵들이 고유한 맛을 지닌 채 판매되고, 그 메뉴 하나하나가 풍성하다. 가격이 착한 샌드위치에는 야채가 듬뿍 들어가 있으며, 올리브 치아바타는 다른 곳들과 달리 두꺼워 거북이 등껍질처럼 풍성한 식감을 자랑한다. 이 빵집은 한가득 들어 있는 알찬 재료로, 든든한 한 끼를 제공한다. 현재는 에코시티에도 분점을 낼 만큼 지역 주민들에게 큰 신뢰를 얻은 빵집이다.

- 전북 전주시 덕진구 정언신로 94(인후동1가 890-1)

아중리의 빵집들은 모두 다른 얼굴을 하고 있지만, 공통점이 있다. 반죽에 시간을 들이고, 재료를 아끼지 않으며, 매일 정성스레 구워낸다는 점이다. 이들의 빵은 그 자체로 누군가의 기억이 되고, 산책의 목적이 되고, 어쩌면 여행의 이유가 되기도 한다.

난 오늘도 그런 빵을 찾는다. 향으로, 식감으로, 그리고 그 안에 담긴 정성으로 나를 위로해주는 빵. 아중리의 골목길은 여전히 따뜻한 빵 냄새로 물들어 있다.

길에서 만나 추억이 된 음식들

음식을 먹을 때면 생각나는 기억들이 있다.

무료한 낮, 나는 종종 TV로 요리왕 비룡을 틀어놓고 음식을 만든다. 만화를 보며 요리를 하다 보면, 문득 엄마가 해주던 음식이 생각난다. 비룡이 엄마에게 요리를 배운 것처럼, 나에게도 음식은 기억 속 어딘가에 있는 가족의 손맛과 닿아 있다.

그런 기억은 가게에서 우연히 먹어본 음식에도 이어진다. 누군가는 가게 문을 열고 들어오며 그리운 맛을 찾고, 누군가는 추억 속 사람을 떠올리며 음식을 천천히 음미한다.

집에서 멍하니 시간을 보내던 날, 남편이 내게 물었다.

"자기도 추억의 음식이 있어?"

그럴 때 망설임 없이 생각나는 음식들, 추억과 애착이 담긴 그 음식들에 대해 이야기하려 한다.

하루 한 끼 가득한 순간, 김밥

간단하지만 든든한 한 끼. 김밥은 언젠가부터 내게 그런 음식이 되었다. 김밥은 산책 중에도, 바쁜 일상에도 편하게 손에 쥘 수 있는 음식이다. 어느 날은 김밥이 없으면 마음이 허전할 정도로 내 식탁에 자주 오르는 존재다.

김밥은 내가 자주 먹는 음식 중 하나다. 빵도 좋아하지만, 김밥만큼 자주 찾는 음식은 드물다. 남편이 "또 김밥이야?"라고 말할 정도로, 나는 이 담백하고 고소한 한 줄의 음식에 애착이 있다.

김밥이 좋은 이유는 단순하다. 한 줄 안에 다양한 재료가 어우러지고, 언제 어디서나 간편하게 먹을 수 있기 때문이다. 고슬고슬한 밥, 아삭한 채소, 담백한 계란, 그리고 김의 풍미가 어우러지며 담백한 감동을 준다. 군더더기 없이 깔끔한 맛. 바로 그 절제된 조화 속에서 김밥은 일상 속의 든든한 위로가 된다. 그렇게 김밥은 나의 일상 속에 스며든 음식이 되었다.

김밥에 대한 애착이 강한 나에게, 어떤 김밥집이 좋냐고 물을 수 있다. 사실, 나에게 맛있는 김밥집은 하나가 아니었다. 그만큼 이집 저집 먹던 시절이 있었다. 김밥집은 다 같은 김밥 맛집이 아니다. 당근을 갈아 넣어 마늘에 볶아 넣어주던 김밥집이 있는가 하면, 어묵, 돈까스, 참치 등 다양한 재료로 갖은 메뉴의 김밥을 팔던 곳도 있었다.

한때 전주 객사에서 회사를 다니던 시절이 있었는데, 그곳에서는 홀로 일하던 적이 많아서 김밥을 자주 먹었다. 나는 김밥의 메뉴를 다양하게 시켜보기도 했고, 주위에 있는 김밥집을 찾아가곤 했다. 마치 도장을 깨듯, 먹던 김밥집을 기록해서 매일 올리던 시절이 있기도 했다. 홀로 일하더라도 김밥을 먹고 기록하는 일은 항상 즐거운 시간이었다. 그렇게 먹던 집들 중, 유난히 기억에 남는 집이 하나 있다. 바로 이 집이다.

＊ 김밥으로도 든든한 한결같은 매력, 전주 옛참국수 ＊

한때 내 점심을 책임졌던 곳. 전주 경원동 우체국 길가에 자리한 이곳은, 국수가 주메뉴이지만 오는 사람들은 김밥도 함께 먹고 간다. 김밥에 든 재료가 큼직하고 속이 알차서, 김밥만으로 충분한 만족감을 준다. 김밥만 시켜도 야박하게 구는 식당이 많지만 이곳은 그렇지 않다. 반찬도 셀프로 꺼내 먹을 수 있어, 혼자 밥 먹는 날에도 허전하지 않다.

혼자 끼니를 때울 때 김밥을 이곳에 가서 반찬을 꺼내 먹곤 했다. 단무지, 김치, 김밥이 나오면 어김없이 국물까지 챙겨서 먹을 수 있는 집이었다. 이 집의 간판 메뉴는 국수이고, 다양한 메뉴가 있음에도 불구하고 언제나 김밥만 먹고 가곤 했다. 그래도 항상 든든한 집이었다. 근처에서 회사를 다니지 않아도, 허기진 마음이면 내겐 친구 같은 존재인 이 김밥을 먹으러 간다. 특별하진 않지만, 한결같은 매력이 있어 김밥을 먹을 때마다 항상 든든함을 느낀다.

- 전북 전주시 완산구 전라감영5길 19-1(중앙동3가 73-1)

* 또또 김밥이다! 작아도 고루 맛난 익산 모현동 또또 꼬마 김밥 *

전주에서 가까운 익산, 익산에서 회사를 다니던 나는 김밥에 대한 사랑은 끊이지 않았다.

음식을 좋아해, 음식 이야기를 지나치게 많이 하는 내게 회사에서의 별명은 일명 '먹도사'였다. 그러다 회사에서 점심 당번을 하는데, 그때 가장 많이 시켜 먹던 메뉴가 김밥이었다. 그래서 난 익산의 다양한 김밥집을 많이 알고 있다. 익산에는 작지만 알찬 꼬마 김밥집이 많다. 그중 하나는 모현동의 '또또 꼬마 김밥'이다.

이 집 꼬마 김밥은 당근, 단무지, 계란이 빽빽하게 들어간 김밥이다. 함께 파는 떡볶이와 어묵탕과 함께하면 아주 훌륭한 한끼를 먹을 수 있다. 떡볶이는 카레 맛 베이스로 매운맛에 향까지 더해, 떡볶이가 더 인기를 끄는 맛집이기도 하다. 떡볶이는 매운 강도를 다르게 주문할 수 있고, (지금은 메추리알로 변경되어 나가는 집이지만,) 한때 이 떡볶이 안에는 당면이 들어가, 풍성한 맛의 매력을 가지고 있었다. 이렇게 김밥, 어묵, 떡볶이를 먹고 나면 든든함을 가질 수 있는 맛집이었다. 가게 안에는 믹스 커피와 차도 준비되어 있어, 밥을 먹고 입가심까지 할 수 있는 푸근한 맛집이기도 하다.

- 전북 익산시 선화로6길 2-1 1층(모현동1가 604-1)

나를 채우는 맛, 카레

김밥처럼 고기, 야채, 밥이 고루 들어간 음식이 있다. 화려한 기술 없이도 정성만으로 만들어, 건강하고 맛있게 먹을 수 있는 음식. 집에 있는 날이면 냉장고에 남은 야채를 몽땅 넣고 푹 끓여 먹고 싶은 그런 음식이 있다.

모든 야채를 넣어, 푹 끓인 음식을 이야기하자면 카레가 단번에 생각난다. 카레는 어떤 소스보다 향이 강해서, 오래된 야채의 맛도 살릴 수 있는 장점이 있다.

어릴 적 먹던 카레를 떠올리면 가장 먼저 떠오르는 건 오뚜기 카레다. 고기와 야채를 큼직하게 썰어 넣고 인스턴트 소스로 푹 끓이면, 비록 정통 요리는 아니어도 그 안엔 정성스러운 맛이 있었다. 따뜻하고 고소하고, 약간은 매콤했던 그 한 그릇의 기억. 급식에서도 자주 나왔던 카레는, 밥 한 그릇으로 영양과 포만감을 모두 채워주었기에 유난히 인상 깊었다.

우리 엄마는 카레를 자주 하시진 않았지만, 집에서는 오빠가 가끔 카레나 하이라이스를 만들어 주곤 했다. 나는 그보다 조금 더 진하고 향이 강한, 톡 쏘면서도 구수한 맛의 카레를 더 좋아했다. 푹 끓여져 걸쭉해진 카레 한 숟갈을 입에 넣으면, 어느새 마음까지 푸근해지는 기분이 들었다.

그렇게 오래도록 내 안에 머물던 기억의 맛을 닮은 가게가 하나 있다. 그 가게는 내게, 단순한 한 끼 식사를 넘어 어린 날의 식탁을, 가족의 온기를, 그리고 잊고 지냈던 따뜻함을 다시 떠오르게 만든다.

* 나의 외로움을 달래주던 아지트, 한잔의 룰루랄라 *

인디밴드를 무척 좋아했던 나는 자주 공연을 보러 갔다. 공연을 보기 위해 혼자 서울을 가면, 어김없이 들리는 거리가 있었다. 바로 홍대이다. 인디밴드 공연장이 밀집한 골목, 북새통 만화상점, 작은 무대 위의 설렘 가득한 공연들. 그곳은 나에게 일상의 반복에서 잠시 벗어나게 해주는 탈출구 같은 공간이었다. 언제나 새로운 무언가를 마주할 수 있을 것 같은 기대감이 그곳에 있었다.

그 홍대에서 나에게 추억의 음식이 있었다. 지금은 없지만, 그곳은 북적이는 홍대라는 도시에서도, 늘 한결같이 그 자리에 있을 것 같던 카페였다. 나에게 카레의 진정한 맛을 알려준 곳이었고, 내가 먹었던 카레 중에서 가장 맛있고 기억에 남는 카레라고 할 수 있다.

　룰루랄라는 홍대에서 인디밴드들이 자주 공연을 하던 공간이기도 했다. 밴드들이 공연을 펼치기도 했고, 그곳에서 일하는 경우도 많았다. 홍대로 공연을 보러 갈 때, 나의 무료함과 외로움을 달래주었던 게 바로 이 룰루랄라의 카레였다. 카페에서는 커피 외에도 맥주를 팔았고, 늦은 밤까지 운영되던 이곳은 카페이자 펍으로도 활용되었다. 더불어 이곳에는 다양한 만화책들이 많았기에, 나는 종종 만화를 보며 시간을 보내고, 배가 고프면 카레와 생맥주를 주문해 허기짐을 달래곤 했다.

　이 집의 카레는 한 종류였다. 카레에 밥과 우동을 하나 선택할 수 있고, 토핑으로 소시지와 아스파라거스를 추가할 수 있었다. 나는 그날의 기분이나 허기짐에 따라 토핑을 더하곤 했다. 공연이 없더라도 서울에 갈 때면, 나는 어김없이 이곳에 들러 카레를 먹었고, 커피를 시키며 만화를 보던 날도 있었다. 하지만 이젠 그 모든것이 과거가 되었다. 홍대의 룰루랄라는 이미 사라진 카페이기 때문이다. 홍대의 북적거림이 사라졌듯, 변하지 않는 건 없나 보다. 하지만 룰루랄라 사장님은 여전히 공연을 기획하고, 가끔은 다른 카페나 식당에서 팝업식으로 카레를 판매하기도 하신다.

홀로 공연을 자주 보러 다녔던 나에게 '룰루랄라'는 외로움을 달래주는 아지트 같은 공간이었다. 그런 룰루랄라처럼, 혼자 여행 온 이들의 마음을 따뜻하게 어루만져 주는 카레 가게가 부산에도 있다.

＊ 카레에서 만난 따뜻한 한 끼, 부산 오겡끼 카레 ＊

부산 남포동 시장을 걷다 보면, 어디선가 흥겨운 일본 음악이 들려온다. 소리에 이끌려 골목 안으로 들어가면 조용히 숨어 있는 작은 가게 하나가 눈에 띈다. '오겡끼 카레'. 일본인이 직접 운영하는 일본식 카레 전문점이다.

처음 이 가게를 발견했을 때, 나는 마치 친구 집에 놀러 온 듯한 기분이 들었다. 소박하고 따뜻한 인테리어, 한쪽 벽에 적힌 "집에 있는 일본 물건은 기부하셔도 됩니다"라는 문구, 곳곳에 놓인 아기자기한 소품들까지. 하나하나 개성적인 물건들이 어느새 조화롭게 어울려, 이곳만의 정겨운 배경이 되어준다.

오겡끼 카레의 메뉴는 카레뿐이다. 가지 카레, 연근 카레, 스페셜 카레 등 선택지는 다양하지만 모두 '집밥' 같은 정서를 품고 있다. 가격도 부담 없고, 부산의 시장에 있어, 편하게 찾기 좋은 곳이라 가족 단위 손님들도 자주 볼 수 있다. "엄마가 해준 카레보다 더 맛있어?" 같은 아이와 부모가 주고받는 다정한 대화를 듣다 보면,

괜스레 마음 한편이 따뜻해진다.

운영은 일본인 사장님이 혼자 도맡아 한다. 바쁜 와중에도 "쪼또 맛떼~ 잠시만요~"하며 유쾌하게 손님을 맞는다. 벽에는 정성스레 써 내려간 한국어 안내문이 붙어 있어, 그 세심함에 웃음이 나면서도 정이 느껴진다. 이곳에서 먹는 카레 한 그릇은 그저 끼니를 채우는 것이 아니라, 어쩌면 잠시 잊고 지냈던 가족의 따뜻함을 떠올리게 한다.

비록 메뉴는 카레뿐이지만, 일행이 많으면 타코야끼도 해 먹을 수 있다. 그렇게 자연스럽게 음식을 나누며, 가게는 하나의 작은 공동체처럼 보인다. 룰루랄라가 그랬듯, '오겡끼 카레' 또한 나의 추억이 담긴 공간이 되었다. 그래서 나는 혼자 먹은 카레 한 그릇을 마음에 담고 다짐한다.

"다음엔 꼭 누군가와 함께 와서, 타코야끼까지 함께 나눠야지."

그 다짐은 설렘이 되고, 다음 여행의 이유가 된다.

- 부산 중구 중구로40번길 20-2(신장농1가 19-12)

그래서 나는 오늘도 먹는다

어릴 적, 나는 교통사고로 병원에 오래 입원했던 적이 있다. 병원 안에서의 하루가 길어지고 병문안을 오던 사람들도 하나둘 줄어들면서, 병실에서 홀로 보내는 시간이 늘어났다. 그런 나에게 하루의 유일한 즐거움은 '오늘 하루는 어떤 음식을 먹을까'였다.

누구와 함께하지 않아도, 맛있는 걸 먹는 순간만큼은 기분이 좋았다. 그렇게 나는 살이 올랐고, 조금은 외로웠지만, 그때의 나는 분명 행복했다.

나이가 들면서 사람도, 환경도, 일상도 많이 달라졌지만, 음식이 주는 기쁨만은 변하지 않았다. 학교를 마치고 친구와 함께 먹는 간식이 하루의 하이라이트였고, 수업 시간엔 슬며시 창밖을 보며 '오늘 급식은 뭘까' 상상하곤 했다. 그 작은 기대 하나로도 나는 충분히 즐거웠다.

지금도 그렇다. 어른이 되어 출근하고, 회사를 다니고, 상사에게 혼나는 날이면, 머릿속엔 자연스레 이런 생각이 떠오른다.

"퇴근 후에 시원한 맥주 한잔해야지."

그 상상이 나를 하루 더 견디게 해준다.

먹는 일은 참 단순하다. 혼자서도 할 수 있고, 별다른 준비 없이도 가능하며, 잠깐의 시간만으로도 마음을 채울 수 있다. 어쩌면 그것이 음식이 가진 진짜 힘일지 모른다. 아무것도 하지 않아도, 아무도 곁에 없어도—맛있는 걸 먹는 순간만큼은 기분이 좋아진다. 단순한 행위들이 이제는 이렇게 값진 추억으로 남았다.

맛있는 음식을 먹는 순간, 그저 배를 채우는 것이 아니라 내 삶의 조각들이 되살아난다. 익숙한 골목의 냄새, 오래된 가게의 온기, 함께 나눈 웃음소리까지, 음식은 이제 내 일상을 채워주는 도구가 되었다. 어릴 적 외로움을 달래주던 한 끼가 그랬고, 어른이 된 지금도 바쁜 하루 끝에 꺼내 드는 작은 접시 하나가 그렇다. 음식은 내게 단순하지 않은, 나 자신을 가장 잘 표현하는 방식이 되었다. 힘들었던 날엔 매운 걸 찾고, 기분 좋은 날엔 달콤한 디저트로 여유로운 순간을 즐긴다. 그렇게 나는 오늘도, 먹으며 나를 위로하고, 나를 채우며 하루를 살아간다.

아마 앞으로도 내 삶과 기억은, 맛있는 순간들을 기록하듯 그렇게 차곡차곡 채워나갈 것이다. 그래서 나는 오늘도 먹는다. 아주 작고 소박한 행복을 위해. 내 하루를 위해, 지금 이 순간을 살아가는 나를 위해, 그리고 언젠가 이 맛을 떠올리며 다시 힘을 낼 나 자신을 위해. 그렇게 나는 또 하나의 맛있는 기억을 기록한다.

최섬

따스한 그림과 차가운 시 사이에서 유영하는 그림책 작가 겸 시인 지망생입니다. 동네책방 겸 아트숍 '그 섬에 가게'를 운영하며 그림책 선생님 일도 하고 있습니다. 그림책 <엄마 생강>과 <주근깨 딸기>, <쓸쓸하고 막막한 카멜레온>을 쓰고 그렸습니다.

＊

시작詩作,
내가 나일지라도

최섬 에세이

시작 하나_그 섬에 가게

SUN. AM 08:11 - 09:10

비몽사몽 덜 마른 머리로 종종대며 일터에 도착한다. 정기 휴무
인 일요일이지만 활짝 문을 열어 환기를 하고 책방 고양이 단호박
이 밤새 어지럽힌 자리를 정리한다. 이어 유투브 프리미엄으로 틀
은 플레이리스트는

<Morning Jazz, 따뜻한 재즈와 함께 시작하는 아침☀>

맑고 경쾌한 피아노 소리에 바쁜 마음이 서서히 가라앉는다.

평소 'K-노동요'를 즐겨 듣는 편이지만, 이 시간만큼은 가사 없는 음악을 찾는다. 함께 글 쓰는 사람들에게 방해가 되지 않도록 일요일 오전에는 내 취향과 다른 잔잔한 연주곡을 듣는 습관이 생겼다.

전주시 삼천동에 자리한 오래된 구축 아파트 상가 건물에 동네 책방 겸 아트숍 '그 섬에 가게'를 차린 지 벌써 5년이 지났다. 신혼집 살림 차리듯 부푼 마음으로 공간을 준비하며 '이곳에서 글 쓰는 동료들과 함께 쓰고 싶다'는 바람을 가졌다. 대학에선 신문방송학을 전공해 글 쓰는 동기들이 없었고, 문예 창작 대학원에서 시를 전공하며 만난 선생님들과는 연령대가 달라 친해지는 게 어려웠다. 거기다 책방을 차릴 즈음에는 대학원이 캠퍼스를 타 지역으로 이전해 교수님들의 도움을 받기도 어려운 상황이었다. 엎친 데 덮친 격으로 창립 멤버로 꾸준히 참여했던 '금요 시 읽기 모임'도 멤버 각자의 (연애) 사정으로 인해 2년 반 만에 마무리되었다.

정 붙였던 시 모임이 해산되고 다른 모임에 들어갈 시도도 했지만 쉽지만은 않았다. 앞에선 낯가리지 않지만, 뒤에선 낯을 제법 가리는 성격도 (MBTI로 치면 상항에 따라 E와 I를 넘나드는 유형이다.) 한몫했다. 그렇게 문학 모임에 대한 간절함을 품은 채 '그 섬에 가게'라는 내 공간을 열게 되었다. 이곳에서 몇 번의 시행착오를 거쳐 안정적으로 글쓰기 모임 '함께 쓰는 섬'을 운영한 지 3년이 다 돼간다. 18기까지 모임을 진행하며 20명이 넘는 사람들의 글을 읽고 나눴다. 감사하게도 꾸준히 모임에 참여하는 고정 멤버들이 생겨 모임이 사라질 걱정 없이 유지하고 있다.

누군가는 혼자 쓰면 되지 왜 동료가 필요하냐고 생각할 수도 있다. 그 생각에 일정 부분 동의한다. 글쓰기는 나와의 싸움이다. 함께 쓴다는 건 한배를 타는 게 아니라 각자의 배를 타고 각자의 목적지로 향하다 잠시 항구에 모이는 일과 비슷하다고 생각한다. 글쓰기를 사랑하고 글 쓰는 나를 사랑하지만 가끔은 회의감이 들고 고독한 순간이 많다. (먹고사는 데 전혀 도움이 되지 않는데 왜 쓰는 거냐고 묻는 사람도 있었다. 나 역시 주변에서 글로만 먹고사는 사람은 교수님밖에 보지 못했다.) 이럴 때 고통을 나눌 동료가 필요한 법이다.

그렇게 그 섬에 가게에서 잠시 멀미를 멈추고 서로 여행기를 나누며 쉬어가면 좋겠다는 바람을 담아 글쓰기 모임 이름을 '함께 쓰는 섬'으로 정했다. 갓 나온 따끈따끈한 첫 글을 읽고 이야기 나누는 시간, 내 글을 맛보는 첫 독자의 말을 들을 수 있는 일요일 아침 시간을 사랑한다. 글쓰기 모임을 통해 누구보다 나 자신이 가장 큰 위로를 받고 있다.

SUN. AM 09:11 - 09:34

사과를 깎고 전날 사둔 조각 케이크를 테이블 위에 내어놓은 뒤 아이스 아메리카노를 들고 노트북 앞에 앉는다. 카페인 한 모금에 비로소 잠이 깬다. 글 쓸 준비 완료. 그런데…… 아무도 오지 않는다. 다들 늦잠을 잤나? 뒤늦게 카카오톡을 열자

〔저... 오늘은 못 나갈 것 같아요.〕
〔어제 과음해서ㅠㅠㅠ 죄송합니다.〕

이미 와 있던 카톡들을 확인하고 연락이 없는 다른 두 분께 카톡을 한다. 멍하니 기다린다. 답이 없다. 두 분 다 늦잠을 포기하지 못하신 모양이다. 시간은 어느새 9시 34분. 이럴 줄 알았으면 나도 더 잘걸. 아무래도 오늘은 일 년에 한두 번 찾아오는 '혼자 쓰는 일요일'인가 보다.

깊은 색이 일렁이는 걸 보고 있다
아무도 오지 않는다

로 시작되는 시를 노트북 화면에 띄웠다. 제목은 「그 섬에 가게」. 5년 전 막 책방을 열었을 때 밥벌이와 글쓰기 둘 다 제대로 하지 못하는 답답함에 대해 적은 시이다. 혼자 쓰는 오늘의 기분이 당시 심

정과 비슷한 느낌이 들어 5년 만에 꺼낸 이 시를 5년 후 현재에 맞게 싹 갈아엎어 보기로 한다.

SUN. AM 09:35 - 10:08

본격적으로 시를 고치기 전 너무 많이 준비한 다과를 아침 삼아 꾸역꾸역 먹으며 너른 통창 밖을 바라본다. 상쾌한 아침 공기와 까치 두 마리의 울음소리, 오래된 소나무 네 그루, 새를 잡겠다고 나무에 오른 책방 고양이 단호박. 요즘 내가 가장 신경 쓰며 보는 풍경이다. 문을 닫지 않으면 결코 평화롭게 보지 못할 이 풍경에 대한 단상을 시에 추가할 계획이다.

2년 전 천변에서 날 간택한 길고양이를 부모님의 반대로 무릅쓰고 책방에서 키우게 되었다. 지난 2년간 흩날리는 털 때문에 청소를 5배는 더 하게 되었고, 깨질 만한 상품들은 판매하지 않게 되었으며, 손에는 자잘한 상처가 끊이지 않게 되었다. 나보다 오래 그 섬에 가게에 머무는 호박이가 (나와) 책방의 진짜 주인 같다는 생각을 종종 하곤 한다.

단호박은 밖에 머무는 시간이 많은 외출 고양이다. 요즘 녀석의 사냥감은 집을 짓기 위해 그 섬에 가게 앞 소나무 잔가지를 쪼아 나르는 까치 부부로, 하루 서너 시간은 새들을 잡겠다고 나무 위에서

진을 치고 있다. 하지만 까치는 결코 만만한 상대가 아니다. 날렵한 까치들은 목숨을 걸고 고양이를 놀려댄다. 일부로 근처 나뭇가지에 앉기도 하고 등을 쪼고 날아가기도 한다. 이 장면을 보고 내가 제일 먼저 하는 일은? 혹시나 까치를 입에 문 단호박이 달려올 수 있으니 서둘러 문을 닫는 일이다.

단호박의 목에는 방울이 두 개 달려 있다. 첫 번째 방울은 쥐를 잡아 왔을 때 찍찍대며 죽어가는 쥐를 끈끈이로 죽인 후 후 달았고, 두 번째 방울은 까치를 잡아 왔을 때 피똥을 싸며 벽에 부딪히던 새를 문밖으로 날려 보낸 후 달았다. 너무 순해서 단호하게 크라고 '단호박'이라 이름 지었는데, 2년 후 단호박은 이름처럼 집사인 나와 동네 길고양이들 위에 군림하는 단호박 대장 고양이가 되었다.

바늘같은 잎을 지닌 야자수에 고양이 한 마리 종일 매달려 있다

마침내 입에 물린
기름으로 뒤덮인 흰 새의 검은 깃털
바닥으로 무겁게 추락하는 와중에도
부릅뜬 눈깔

새들은 날아가고 닫힌 문을 열자 패잔병이 된 호박이가 들어온다. 까치 대신 삶은 닭가슴살을 챙겨주고 우물대는 뒷모습을 바라본다. 사냥이 실패해 다행이지만 놀림 받는 모습을 지켜보는 게 썩 기분 좋진 않다. 며칠 전 까치가 쪼아 머리에 땜빵이 생긴 친구네 나이 든 고양이 모습까지 겹쳐 더 짠한 마음이 든다. 진심으로 까치가 잡히지 않길 바라지만 매번 좌절되는 호박이의 집념이 안쓰럽다. 그러다 문득 호박이의 사냥 본능과 시를 쓰는 내 감정이 비슷하단 생각이 든다. 단호박에게 사냥이 더는 생존 수단이 아니지만 매일 해야만 하는 놀이이다. 나 역시 시를 쓰는 게 먹고사는 일과 하등 관련이 없지만, 시가 없는 삶은 생각도 하기 싫다.

배부르게 먹고 둥글게 몸을 만 호박이를 보며 시를 고친다. 시속에서 고양이는 결국 새를 잡는다. 인생은 마음대로 할 수 없지만 창작은 마음대로 할 수 있으니까. 그런데 새를 잡은 고양이는 행복할까? 어떤 새가 고양이에게 잡히기 쉬울까? 나는 시 속에서 고양이에게 새를 선물하지만 영양가 있는 새를 선물하진 않기로 한다.

SUN. AM 10:09 - PM 12:06

시를 고치던 중 유투브 플레이리스트가 '모닝 재즈'에서 한 영화 평론가가 '걸어온 일의 여정'에 대해 인터뷰한 내용으로 바뀐다. '잘하는 일'과 '하고 싶은 일' 중 무엇을 해야 하냐는 질문에 평론가는 '욕망은 변하기 때문에 잘하는 걸 일로 택해야 한다'고 대답한다. 인터뷰를 라디오 삼아 들으며 퇴고를 하다가 '시를 향한 내

욕망'에 대해 생각한다. 10년 전 시를 시작했을 때보다 욕망의 크기가 작아진 건 아니지만 현재의 내겐 시로 먹고살 능력은 없다는 자기 객관화가 충분히 되어 있다. 그 사이 나는 크게 '서점 대표', '그림책 작가', '문화예술 강사'라는 그림책과 관련된 세 가지 직업으로 돈을 벌고 있다. 사실 이것들도 '잘하는 일'이라기 보다 '잘 하고 싶은 일'에 가깝지만 말이다.

어쩌다 그림책 쪽 일들을 하게 된 걸까. 처음엔 '그림책을 쓰고 싶다는 욕망' 자체가 없었다. 우연히 시보다 그림책으로 표현하는 게 좋을 것 같아 시를 그림책으로 바꿔 출판하게 되었는데 하다 보니 어느새 주 수입원이 그림책 분야가 되어 있었다.

공부를 하면 할수록 '시'와 '그림책' 두 장르의 성격이 매우 다른 걸 느낀다. 그림책 같은 경우 주로 아동을 대상으로 하기에 아이들의 정서를 해치지 않아야 하고 해피엔딩이 (새드엔딩이라면 납득할 충분한 이유가 있어야 한다.) 대부분이다. 아이의 시선을 고려하면서도 책을 구매하는 부모의 눈높이도 생각해야 한다. 스토리보드나 더미북(가제본)까지 거의 프로듀서 능력을 갖춘 작가를 요구하는 추세다. 한 권의 책을 만드는 데 걸리는 시간도 매우 길다. 나 같은 경우 작업 속도가 빠른 편에 속하는 데도 한 권의 그림책을 만드는 데 보통 2년 정도의 시간이 필요하다.

그림책 관련 '일'로 돈을 벌면서도, 시를 '일'로써 하기 위해 잡고 있는 이유가 있다. 짧은 시간 내 쓸 수 있다는 점, 여러 번 고치기 쉬운 점, 비극적 상황에 시적 화자를 집어넣어도 된다는 점과 같은 그림책 작업과 반대되는 부분이 그림책 작업에 지친 나를 자유롭게 한다. 현재 겪는 어려움이나 부정적 감정들을 시에 적기 위해 묵혀둔다. 떠오르는 것들을 메모하다 주제와 잘 어울리는 은유할 대상이 생각나면 시를 쓰기 시작한다. 빠르게 한 편의 시가 완성되면 실제로는 그렇지 않을지라도 내가 처한 어려움이 해결된 기분이 든다.

> *더도 말고 덜도 말고 딱 범벅된 그만큼*
> *파헤쳐지고 무뎌지는 세계*

5년 전 그 섬에 가게를 열며 이곳에서 열심히 시를 쓰자 다짐했다. 시간이 지나 삼십대 중반이 된 지금 어엿한 어른이 되기 위해 시를 쓰기보나 그림책 작업을 비롯한 먹고사는 일들을 더 많이 수행 중이다. 현생에 지쳐 매일 쓰진 못하지만 적어도 주에 한 번 시를 쓰는 일요일 오전 시간이 있어 나는 행복한 시인 지망생이다.

SUN. PM 12:07 -

정오가 지나 시가 완성되었다. 외롭지만 흡족한 하루의 시작이다. 문득 좋아하는 노래인 검정치마의 <섬>이 생각나 인터뷰 영상에 이어 <섬>의 뮤직비디오를 튼다.

너 사는 섬엔 아직 썰물이 없어

결국 떠내려온 것들은 모두 니 짐이야

이어질 땅이 보이지 않네

산뜻한 목소리와 대비되는 우울한 가사처럼 오늘 고친 시도 낮
보다는 밤에 잘 어울린다. 일곱 밤 일곱 낮이 지나 이 시를 읽을 함
께 쓰는 이들의 표정이 벌써부터 기다려진다.

그 섬에 가게

너른 뭍과 깊은 물 지나
민낯의 모래에 자리 잡은 매일

바늘같은 잎을 지닌 야자수에 고양이 한 마리 종일 매달려 있다

마침내 입에 물린
기름으로 뒤덮인 흰 새의 검은 깃털
바다으로 무겁게 추락하는 와중에도
부릅뜬 눈깔

지평선 뒤로 하고 수평선 향해 가라앉는 노을이
뭍에서 뚜벅뚜벅 날아온 숨과 함께
익숙한 자세로 내일을 마감한다

더도 말고 덜도 말고 딱 범벅된 그만큼
파헤쳐지고 무뎌지는 세계

죽음을 즐거워하는 본능처럼
골골대다 하악질하다 쳐다본 하늘처럼
기도하는 손에 고인 좁고 얕은 믿음처럼

떠오른 행과 연 붙잡고 서툴게 해류를 쫓는 파편들

함께 쓰는 섬 18기 作.(2025. 4. 27)

시작 둘_국경에 서서

THU. AM 07:23 - 07:34

평소라면 꿈나라에 빠져 있을 시각, 하지만 까딱 잘못하면 지각인 시각에 눈을 뜬다. 갖고 있는 옷 중 가장 단정한 옷으로 갈아입고 5분 화장으로 사회적 얼굴을 만든다. 허둥대며 엘리베이터를 기다리다 내려간 지하 주차장, 시동을 걸자 자동 연결된 블루투스 스피커에서 모르는 노래가 흘러나온다. 그래, 서두르지 말고 음악으로 한숨 고르고 시작하자. 아이유의 노래 <가을 아침>을 틀고 엑셀을 밟는다.

딸각딸각 아침 짓는 어머니의 분주함과

엉금엉금 냉수 찾는 그 아들의 게으름이

어우러신 썽일 아침. (아침부터 성실한 어머니 같은) 누군가는 바쁘게 움직이고 (전날 과음한 게 분명한 아들 같은) 누군가는 누워 있겠지. 내게 평일 아침은 어른스럽게 하루를 시작하기 위해 노력하는(종종 좌절하는) 시간대이다. 벌써 세 달 넘게 매주 목요일 오전 8시 10분부터 50분까지 우전 초등학교 기자단 학생들에게 뉴스 영상을 제작하는 법을 가르치고 있다. 일이 들어오면 닥치는 대로 해내는 프리랜서지만 그림책 작가 겸 책방지기로 활동하는 내가 영상을 가르치게 될 줄은 정말 몰랐다.

"선생님, 혹시 기자단 아이들 뉴스 영상 만드는 것도 지도하실 수 있나요?"

"아, 제가 지금 하는 일은 아니긴 한데요, 학과에서 수업도 듣고 대학교 때 학교 방송국 활동도 해서 가능은 합니다."

"정말 다행이네요. 편집 도와주시는 선생님은 계셔서 선생님은 아이들 기사 작성 위주로 봐주시면 좋을 것 같아요."

그렇게 방과 후 돌봄 교실 그림책 수업 강사를 지원하며 제출한 이력서에 적힌 '신문방송학과 졸업'이란 한 줄 덕에 돌봄 교실 대신 학교 기자단 동아리 수업을 하게 됐다. 수업을 맡는 데 큰 고민은 없었다. 직업으로 할 자신이 없어 포기하고 전공과 다르게 살고 있긴 하지만 대학 시절 일상으로 해왔던 영상 일이기에 걱정하진 않았다.

당신은 나와 같은 언어를 쓰는 것 같다

하지만 수업을 할수록 촬영이나 편집 같은 기술을 가르치는 게 먼저가 아니란 걸 느꼈다. Z세대를 넘어 스마트폰과 디지털의 직접적인 영향을 받은 알파 세대 아이들에게 내 수업이 무엇을 남겨줄 수 있을지 고민이 되었다. 결국 멋지게 완성하는 것도 중요하지만, 콘텐츠를 이해하고 만드는 '과정 자체'를 가르치고 싶다는 결론을 내게 됐다.

엄마한테 끌리온 초등학생, 동시나 회화 같은 타 분야 작가들, 한국어가 아직 서툰 다문화 가정 여성… 몇 년간 '그림책 창작'이라는 카테고리에서 강의를 진행하며 대상에 따라 내가 쓸 수 있는 말도 만들어진 그림책에 담긴 글도 달라진다는 걸 체득했다. 기자단 수업 역시 똑 부러진 동시에 눈치 없고 해맑은 초등학생 5-6학년에게 맞게 계획을 대폭 수정했다. 홀로 창작하는 그림책 작업과 달리 뉴스 영상은 함께 만들어야 하기에 아이들 간 소통과 협업이 가장 중요하다고 생각했다. 그게 힘들어서 전공을 포기한 나지만.

THU. AM 07:37 - 07:51

주차를 마치고 수업 전 출석부와 아이들에게 숙제로 낸 촬영 영상을 확인할 학교 노트북을 가지러 자치실로 향한다. 아이들에게 전할 중요 공지가 있어 평소보다 신경이 쓰이는 오늘, 숙제를 많이 낸 게 갑자기 미안해진다.

『Media is Message』

신문방송학과생이라면 모를 수 없는 마셜 맥루언의 말이다. 형식이 곧 내용이다. 그러므로 다양한 형식을 오가는 유연함을 배우는 학과가 바로 신문방송학과다. (현재는 학과명이 '미디어&엔터테인먼트학과'로 바뀌었다.) 내가 입학했던 당시에도 이미 전공 수업은 '신문'과 '방송' 같은 올드 미디어에 대한 수업보다 광고·홍보, 페이스북·트위터 같은 등장하는 뉴미디어 쪽 수업들이 주를 이뤘다. 예술 계열이 없는 학교에서 우리 과가 '예체능과'를 담당하고 있다 할 만큼 과내엔 개성 넘치는 친구들이 많았다. '전주'라는 우물에선 나름 잘 뛰던 개구리였던 내가 '서울'에 오니 작게만 느껴졌다.

특히 조 모임은 해도 해도 적응되지 않았다. 왜 조원들끼리 친해지기 위해 MT를 가야 하는가, 왜 발표를 위해 대본을 쓰고 연기 합을 맞추는가, 왜 단체 티를 맞추고 율동을 해야 하는가, 쇼맨십이 중요한 학과에서 난 개성 강한 주연을 챙기는 '스탭' 역할을 주로 했다. 자료 조사, 팀 내 갈등 조절, 스크립트 정리 같은 잡무들을 하며 이곳은 내 자리가 아니라고 느꼈다. 유치하고 시시하게 느껴지는 말들이 학점의 기준이 되는 과에서 내가 배울 건 없다고 오만하게 생각한 시절도 있었다.

> 한 번도 다른 나라에 가본 적 없는 내가
> 성벽에 붙어 당신을 당신이라 부르면
> 이국에서 당신을 닮은 귀순병들이 밀려온다

연예인, 예능PD, 아나운서 등 가끔씩 미디어에서 과에서 보던 얼굴들을 마주칠 때가 있다. 내겐 고난의 연속이던 조 모임이 저들에겐 큰 자양분이었구나 생각하며 그들을 응원한다. 그리하여 나는 지금 대학 시절 원망했던 학과 교수님들처럼 아이들에게 조 모임을 시킨다. 혼자서도 잘해 혼자 일하고 싶어 하는 아이들과 개성이 강해 이리저리 튀어 니기는 이이들이 함께 영상을 만드는 건 결코 쉬운 일이 아니다. 학교 주변 맛집 영상을 만드는 데 순대국밥집을 소개하자는 남자아이와 한심해서 핀잔주는 여자아이 간 연거푸 실패하는 대화를 듣다가 다른 조의 실패에 시선을 돌리는 게 내 수업의 흔한 풍경이다.

기자단 아이들에게 영상 제작을 통해 '소통'만큼 가르치고 싶은 덕목은 '성실'이었다. 대학생이 영상 만드는 것처럼 초등학생이 할 순 없단 걸 거듭 상기하며 아이들이 부담되지 않는 선에서 성실하게 반복해 결과물을 만드는 과정을 알려주고 싶었다.

- 수요일 : 전체 회의. 영상 수정해 일주일간 송출 시작
- 목요일 : 보도부 회의. 뉴스 주제 정해 섭외 및 기사 작성
- 금, 토요일 : 섭외 완료, 소스 영상 촬영, 기자 녹음
- 일 : 영상 촬영 완료, 기자 녹음 완료, 편집 시작
- 월 : 아나운서 녹음, 가편집 완료
- 화 : 보도부 영상 최종 편집

선후배 간 위계도 심하고 영상 평가도 혹독한지라 신입생이 많이 들어오고 나가는 '대학교 방송국'에서 2년 간 위 일정대로 매주 1편씩 학교 뉴스를 만들었다. 함께 생존한 동기들과의 끈끈한 전우애 때문에 탈퇴하지 못하고 울며 겨자 먹기로 방송국 활동을 끝마쳤다. 그 과정에서 자신에 대해 확실히 알게 된 게 있었다. 난 생각보다 맡은 일에 성실하고 책임감이 강하구나. 하지만 크리에이터(Creator)라면 갖춰야 할 '선'을 능수능란하게 오가는 센스가 없구나. 초 단위로 바뀌는 미디어 상황에 적응하려다 도태될 게 뻔할 텐데 무슨 매체가 나에게 맞을까.

그때 내게 변곡점이 된 강의가 있었다. 바로 <출판 잡지론>이란 수업이었다. 이 수업을 좋아했던 이유는 단순하다. 내가 제일

잘하고 제일 돋보이니까. 내게 맞는 매체는 영상이 아닌 글쪽이구나. 매주 1편씩 영상 만드는 일에 시달리다 보니 신문이나 잡지보다 호흡을 길게 두고 고치는(줄 알았던) '책'을 다루는 출판사에 취업하고 싶었다.

그렇게 '방송'이 아닌 '출판'으로 진로를 틀고 국어국문학과를 복수 전공으로 선택해 바쁜 3-4학년 시절을 보냈다. 국문과 수업을 들으며 가장 어색하고 놀랐던 건 신문방송학과에선 내향인이자 내용(메시지)를 중시하는 사람이던 내가 국어국문학과에서는 외향인이자 형식(미디어)을 중시하는 사람처럼 보인다는 것이었다.

익숙한 발음만 골라 숫돌에 벼리고 체에 걸러
남은 단어만 손에 꼭 쥐고 국경에 서면

신방과에선 한 번도 안 만들었던 PPT로 국문과 교수님께 받은 칭찬도, 각주까지 달달 외워 죄다 적어내야 하는 국문과 시험도 처음엔 어색하기만 했다. 하지만 적응이 되니 신방과보다 국문과가 훨씬 편했다. 조 모임이 거의 없어서 타과생이어도 큰 걱정 없고, 시험지를 채우는 건 잘하든 못하든 내게만 영향을 주는 일이니까.

국문과 수업 중 가장 좋아했던, 아니 대학 시절 가장 좋아했던 수업은 마지막 학기에 수강한 <문예창작론>이었다. 성실히 시를 쓰고 성실히 고쳤다. 종종 교수님의 날카로운 비평에 상처받는 학생들도 많았지만, 솔직히 방송국이나 신방과 수업보다 순한 맛이라 큰 타격이 없었다. 뭐라 하셔도 '갖다 버리라고 안 하고 수정하라고 하시네? 괜찮게 쓴 건가?' 하며 기뻐했던 것 같다.

『핍진성 : 작가가 창조한 세계관이 합리적이고 설득력 있게 느껴지도록 구체화하는 일.』

시를 창작하는 건 영상과 달리 온전히 혼자 하는 일이기에 내게 매력적으로 다가왔다. 교수님과 수업을 듣는 수강생 말고 다른 누군가가 내 시를 읽을 일도 없었기에, 독자에게 어떻게 전달되느냐보다 더 핍진성 있게 시어를 구체화하는 일 자체에 골몰했던 것 같다. 그렇게 국문과 복수 전공을 하며 9학기까지 나름 재밌게 학교를 다니던 중 운이 좋게도 가장 희망하던 출판사에 합격하게 되었다. 하지만 태세 전환이 느린 나에게 이른 입사는 행운이 아닌 불운처럼 느껴졌다.

THU. AM 07:52 - 08:08

자치실 문을 열고 출석부와 노트북을 챙긴다. 담당 교사는 자리에 없다. 얼굴 보고 이야기하고 싶은데. 수업 끝나고 이 인간에게 어떤 톤으로 내 안 좋은 감정과 요구 사항을 피력할까. 이 짜증 나는 고민은 지난주 받은 문자 한 통에서 시작되었다.

〔선생님 안녕하세요. 제가 교장선생님과 이야기하던 중 제가 잘못
이해하고 전달한 부분이 있었어요. 교장 선생님께선 뉴스 영상이 아니
라 학교 신문을 만들라고 하셨대요. 수업 중간에 바꿔서 죄송해요ㅠㅠ
혹시 10월 초까지 신문 제작 가능할까요?〕
〔일단 변경할 순 있는데 형태나 분량은 최소로 해야 할 것 같습니다.
다음주에 아이들에게 공지하고 어떻게 할지 이야기해 볼게요.〕

자치실 문을 닫고 수업을 위해 건물을 이동한다. 어쩐지 처음 교
장 선생님은 내게 기자단 활동을 학교 신문 제작이라고 말씀하셨는
데 담당 교사는 영상이라고 다르게 말해서 이상하다 했지. 하지만
그때 내가 교장 선생님께 학교 신문으로 들었는데 영상이 맞냐고
재차 확인했는데 수업이 빈절 넘게 지난 이제야 변경하라니. 하여
간 일머리 없는 사람은 최악이다.

분명해진 빗금 너머
새로운 오독誤讀으로 일렁이는 당신

희망차게 입사한 출판사에서 난 최악이었다. 어떤 역할을 맡더
라도 일 못한다고 욕 먹은 적은 없는데, 1인분의 몫을 못한다는
사실을 견디기 힘들었다. 함께 입사한 동기 둘도 한 명은 경력직이

고 한 명은 나보다 세 살이 많아 더 위축이 되었다. 무엇보다 대학 생활을 병행하며 회사를 다니다 보니 대학생이 아닌 사회인으로 전환이 힘들었다. 밤에는 출석을 대신할 학교 과제들을 하고 내 부서에서 출간되었던 책들을 읽었다. 낮에는 팀 선배들 업무를 닥치는 대로 도왔다. 당시 우리 팀은 월말에 출간할 시리즈 때문에 매우 바빠 신입 교육은커녕 경력직 신입이 절실한 상태였다. 그때 들어온 생짜 신입이 바로 나였다. 늘 잠이 부족했고 잠이 부족하다 보니 어이없는 실수를 반복하고 혼나던 날의 연속이었다. 그토록 바라던 장소에 더는 그곳을 바라지 않는 내가 있었다. 무엇보다 선배 편집자들보다 작가가 더 멋져 보였다. 그들처럼 나만의 세계를 써내려가고 싶었다.

THU. AM 08:09 - 08:54

기자단 아이들에게 영상이 아닌 학교 신문으로 변경되었음을 알리고 그동안 찍은 영상을 육하원칙에 맞춰 줄글로 써오도록 숙제를 낸다. 아이들은 다행히 별생각이 없다. 어른이라면 화가 솟구칠 만한데 일견 다행스럽고, 아이들 특유의 말랑함이 부럽단 마음도 든다. 이메일이 없는데 선생님께 메일을 어떻게 보내냐, 워드 파일 써본 적 없다 종이에 써도 되냐 같은 아이다운 질문들에 대해 답하고 있는데 교장 선생님이 불쑥 들어온다. 자치실 교사에게 현재 상황을 들은 모양이다.

〔자신은 분명 학교 신문이라고 말했다, 찍은 영상 줄글로 바꾸
면 되지 않냐, 어차피 내용은 같으니까 별문제 없이 할 수 있지 않
냐……〕

교장 선생님의 걱정을 아이들이 듣는 게 도움이 될 것 같지 않아
확답 대신 두루뭉술하게 답하고 수업을 이어 간다. 내용이 똑같다
고 형식을 바꾸는 게 쉬울까? 사실 신문 발간 자체에 목적이 있다
면 영상을 신문으로 '나 혼자' 다 변경하고 발간하는 게 더 쉽고 빠
르다. 하지만 아이들이 할 수 있는 선에서 직접 신문을 만들며 매체
변화에 따라 내용이 어떻게 달라지는지 알려주는 게 더 중요하다
고 생각한다. 함께 찍은 영상들을 각각 하나씩 책임지고 기사문으
로 작성하면 아이들마다 태도가 달라지겠지. 촬영이나 편집을 좋아
하는 친구들은 기사문보다 편집 디자인을 시키는 게 나으려나. 편
집은 내가 하는 게 편하긴 한데. 맞춤법이나 문장 구조가 엉성할 게
뻔한데 내가 고쳐야 하나 첨삭 수업을 한번 해야 하나.

수업을 마치고 아이들보다 많은 숙제를 가지고 자치실에 들어간
다. 담당 교사가 날 보고 화들짝 놀란다. 만나면 한소리하려 했는데,
지금 내 눈치 보는 것처럼 교장 선생님 앞에서 쩔쩔맸을 게 눈에 선
해 나도 모르게 마음이 누그러진다. 아마 프리랜서인 나보다 감정

적으로는 더 힘들었겠지.

  - 아이들과 만들 신문 분량은 B4 1.5-2장 정도
  - 교장 선생님은 분량을 5-6장 원하시니 정확히 말씀드리고 다음 주까지 분량 확정할 것

웃으며 반드시 사수해야 할 내용을 부탁한다. 다양한 연령대 사람과 일하며 긍정 회로를 돌리다 보니 해야 할 일만 남고 감정은 쉽게 지나간다. 스무 살 적 지금 같은 성격이었다면 아마 전공대로 살지 않았을까.

THU. AM 09:06 -

퇴사 후 몸도 마음도 지친 채 고향 전주로 내려와 대학원에서 시를 전공했다. 내가 보았던 작가들처럼 '시'로만 먹고살진 못하지만 현재 삶에 나름 만족하고 있다. 초등학교에서 퇴근해 그 섬에 가게로 출근을 한다. 함께 쓰는 섬 모임에서 만드는 책에 실을 시를 고친다. 다시는 영상 만드는 일을 안 할 거라 생각했는데 영상을 가르쳤던 것처럼, 절대로 편집 일을 안 할 줄 알았는데 어느새 자청해서 사람들과 책을 만들고 있다.

멀어지는 오늘을

차곡차곡 접어 쌓아 놓고

당신을 당신이라 잘 못 발음한다

미디어가 바로바로 해야 하는 통역과 비슷하다면, 문학은 시간을 두고 적절한 어휘를 골라내는 번역과 비슷하다. 언어와 그 언어를 쓰는 세계에 대한 이해가 깊을수록 제대로 된 통역이나 번역이 가능하다. 상대가 무슨 언어를 쓰는 사람인지 고민하고 그렇다면 나는 무슨 언어를 쓰는 사람인지 되짚으며 적정선을 찾으려 계속해서 노력하는 게 '내 일'이라는 생각을 하고 있다. 나에게 시는 번역과 오역으로 규정하지 않으려 노력한 언어이다. 지나간 사람에 대해 쓴 시가 오늘은 내 모든 페르소나들이 나누는 대화 같다. 속단에 갇혀 이해의 끈을 놓지 말 것. 최선을 다해 유연할 것. 내가 언제나 나일지라도.

국경에 서서

당신은 나와 같은 언어를 쓰는 것 같다

서툰 입술 모양 어긋난 떨림으로
반복해 속삭인 밀어가 웅성대고

한 번도 다른 나라에 가본 적 없는 내가
성벽에 붙어 당신을 당신이라 부르면

이국에서 당신을 닮은 귀순병들이 밀려온다

온몸에 베인 모르는 문장 헤집고
익숙한 발음만 골라 숫돌에 벼리고 체에 걸러
남은 단어만 손에 꼭 쥐고 국경에 서면

분명해진 빗금 너머
새로운 오독誤讀으로 일렁이는 당신

멀어지는 오늘을
차곡차곡 접어 쌓아 놓고
당신을 당신이라 잘 못 발음한다

내가 들을 것들은 앞으로도 나이다

함께 쓰는 섬 12기 作. (2025. 3. 17.)

시작 셋_All Blue

SUN. AM 9:22 - 10:18

글쓰기 모임이 없는 일요일 느지막이 일어난다. 네 식구가 사는 집엔 나뿐이다. 부모님과 여동생은 한참 전에 식사를 마치고 각자의 하루를 시작한 모양이다. 부지런한 부모님과 성실한 공무원 11년 차 여동생은 평일에도 휴일에도 오전 6시 30분이 되면 아침밥을 꼭꼭 챙겨 먹지만, 야행성인 내게 가족들과 아침을 챙겨 먹는 일은 날을 꼴딱 샌 다음 끼니를 챙겨 먹는 것보다 어렵게 느껴진다. 아직 햇빛이 따갑진 않을 시각. 부모님은 텃밭을 일구고 계실 테고, 동생은 마라톤 연습으로 학교 운동장을 뛰고 있을 것이다.

하지만 내 눈꺼풀은 여전히 천근만근, 졸린 눈을 비비며 화장실로
들어간다.

> 세수를 하며 쉬기 위해 숨을 멈춘다
> 양 볼을 간지럽히는 코코넛 향 비누 거품
> 수돗물 속 익숙한 고요

　가까스로 스스로를 깨우고 아침 겸 점심으로 식빵을 입에 물고
집을 나선다. 5년 넘게 운영 중인 동네 책방 '그 섬에 가게'의 영업
일시는 화요일부터 토요일 오후 1시부터 8시까지다. 그러니 오늘
같은 일요일은 공식적으론 쉬는 날이다. 그러나 나는 '자영업자'이
자 '프리랜서'. 그림책 작업, 문화예술 강연 등 외부에서 일이 들어
오면 마다하지 않고 열심히 일하고 있다. 그래도 외부 업무가 책방
운영에 피해가 되지 않도록 최대한 영업 시간을 피해 다른 일을 하
려 노력 중이다. 특강이나 강연은 평일 오전이나 가게 휴무일에 가
고, 서류 작업이나 창작 쪽 일 같은 경우 야근으로 해내는 편이다.
덕분에 나날이 카페인 섭취량은 증가하고, 다른 직장인들처럼 오전
시간에 푹 잠자는 휴일(요일은 그때그때 달라진다.)을 손꼽아 기다
리게 되었다.

SUN. AM 10:19 - 11:36

출근해 책방 문을 활짝 열고 환기를 한 다음 빗자루로 쓸고 물걸레로 닦는다. 평일에 못했던 청소를 끝마치고 책방 고양이 단호박의 습식 사료와 물을 챙겨주고 화장실 모래도 갈아 준다. 단호박은 집이 아닌 책방에서 살고 있다. 호박이를 키우기 전엔 집에서 작업을 하는 일이 많았는데, 호박이를 돌보기 위해 매일 출근하다 보니 가게에서 일하는 시간이 더 길어졌다. 고양이와 함께한 2년 4개월 중 중 2주 정도를 제외하곤 매일 고양이와 얼굴을 마주해 왔다. 덕분에 휴일에 호박이 돌볼 겸 책방을 여는 날들이 많아졌다.

〔일요일 그 섬에 가게 12시부터 오후 6시까지 책방 문을 열어둘게요.〕

혹시 손님이 올 수 있으니 인스타그램 스토리에 공지를 띄운다. 비록 책방으로 출근은 했지만 원래 쉬는 날이니까 내가 좋아하는 일을 하자. 내후년 출간 목표로 작업 중인 그림책 원고 작업을 해야겠다. 어제 구매한 신상 미술 재료들 테스트하면서 러프하게 다른 재료들과 비교해 봐야지. 이 브랜드 발색은 어떠려나. 붓 세트는 가성비가 괜찮을까, 싸니까 버리는 셈 치지 뭐, 종이는 비싼 값을 해야 하는데…… 두근대며 미술 재료를 정리하고 작업을 시작하려는데 이런, 메일에 그림책 창작 수업을 들었던 다문화 가정 수강생들의 원고 n차 수정 파일이 도착해 있다. 이걸 왜 이제야 보내신 거람. 에

효, 안 그래도 인쇄소에 보낼 마감일이 촉박했던 터라 별수 없이 인디자인 프로그램을 열고 수강생들 원고를 수정하기 시작한다. 오늘은 하고 싶은 일 대신 해야 할 일을 하는 일요일이다.

SUN. AM 11:37 - PM 05:44

지난봄 다문화 여성들에게 한국어와 모국어로 그림책을 만드는 수업을 진행했다. 한국어로만 쓴 그림책도 출간을 하려면 여러 번 퇴고의 과정을 거치게 되는데, 베트남어, 캄보디아어, 그리고 일본어까지, 세 외국어(특히 구어체)가 그림책 원고에 들어가니 어색하고 잘못된 부분들이 n번째 발견되고 n번째 전달되고 n번째 수정되길 반복하고 있다. 그래도 이번주엔 꼭 편집을 끝내고 인쇄소에 넘겨야지. 노트북에 코를 박고 일에 열중하고 있는데 단호박(포함 세상 모든 고양이)을 사랑하는 말티즈 포도가 2kg가 겨우 넘는 작은 몸으로 주인을 질질 끌고 책방에 입장한다. 온몸으로 사랑을 표현하는 포도가 귀찮은지 개는 절대 닿지 못할 높이의 책장으로 호박이가 올라가 버리고, 같이 놀고 싶어서 두 발로 낑낑거리는 포도를 안아 든 주인분과 도란도란 이야기를 나누다 현생을 돌아보게 만드는 말을 듣는다.

"예쁜 공간에서 하고 싶은 일 하고 사셔서 좋겠어요."

가게를 운영하며 정말 많이 듣는 소리다. 나 역시 좋아하는 서점들을 이리저리 방문하던 손님일 때, 내 공간에서 직접 내린 커피를 마시며 내가 고른 책들을 팔며 창작 일을 하는 '멋진 나', '멋진 서점'을 상상하곤 했다. 희미하긴 하지만 5년 전 가게를 열었을 땐 꿈을 이룬 것 같아 기뻤던 순간도 있었더랬다. 하지만 하고 싶은 그림 작업을 하기보다 해야 하는 편집 마감에 조바심을 느끼는 지금이 좋은 게 정말 맞나?

두 눈 부릅뜨지 않아도 부드러운 흐름이

숨이 막혀 재빠르게 씻어 내린다

에이, 인생 다 똑같죠 뭐. 허허 웃으며 손님과 포도를 배웅한다. 자리에 앉아서 그림책 편집을 이어 하다가 자문한다. 남들보다 좋아하는 것들에 둘러싸인 삶인 건 분명하다. 그렇다고 유유자적 아무것도 안 하는 것 같이 부럽다는 뉘앙스의 말이 기분 좋게 들리진 않는다. 좋아하는 것에 둘러싸여 좋긴 한데 좋아하는 것들을 위해 사는 게 참 무겁다. 나는 고고하게 떠다니는 백조가 아닌데, 그보단 갓 태어난 새끼 오리처럼 물갈퀴 사용법도 몰라 오늘도 물 먹는 중인데. 가끔은 이렇게 혼자 처박혀 사는 게 정말 맞는지 의구심이 든다.

파란 전등, 파란 커튼, 파란 책장과 서랍장…… 파란색을 좋아하는 내가 '파링'을 테마로 해 만든 공간에서 편집을 이어 간다. 일로 가득 찬 우울한 일요일(Blue Sunday), 문득 왼쪽 쇄골에 파란 외뿔고래를 새겼던 날이 떠오른다. 가게를 열 때쯤 '나만의 뿔을 가지고 세상과 마주하자'는 의미로 새겼는데 외부 수업이 많아지면서(특히 아이들과 수업할 때) 가리고 다니는 날이 많아졌다. 문신을 할 때만 해도 회사 다닐 때보다 자유로울 줄 알았지. 마치 파란 감옥에 갇혀 파란 죄수복을 입고 꾸역꾸역 노역하는 죄수 같단 생각에 억울하다. 아무도 집어넣은 적 없고 퇴소 시간도 심지어 탈출 시간도 마음대로인데 왜 이런 기분이 드는 걸까.

하늘을 알고 싶어요 空が知りたいです
엄마 구름은 어디로 가요? お母さん、雲はどこに行きますか?

깊게 가라앉던 나에게 하늘 한번 보라며 불쑥 한 아이가 말을 건다. 수채화로 그린 하늘이 투명하고 경쾌하다. 아이가 하늘을 궁금해하던 시절을 잊어도 이 그림책이 엄마와 아들의 대화를 기억하겠지. 어린 아들의 말이 이상한 일본어로 번역되지 않도록, 한글이 서툰 엄마의 말도 느낌이 전달되도록 오늘만 이 일을 제일 좋아하기로 하자. 배운 지 얼마 안 된 편집 디자인 프로그램으로 서툴지만 한 장 한 장 정성껏 편집을 한다. 어느새 인스타그램에 공지한 영업시간이 지나 있다. 그래도 엄마와 아이의 푸르던 한 시절이 (부디 최최최종과 최최최최종의 굴레에 들어가지 않길 바라며)최최최종 pdf로 마무리되었다. 다음주에 싹 인쇄소에 넘겨야지. 문득 바다가 좋아 파랑을 좋아하기로 한 어릴 적 내 모습이 떠오른다.

SUN. PM 06:24 - 07:40

밖에서 놀던 호박이가 들어와 문을 닫고 퇴근을 한다. 저녁 메뉴를 고민하며 걷다 (간판과 달리 4월에서 9월 두 계절만 장사하는) 동네 맛집 '사계절칡냉면'이 드디어 올해 영업을 시작한 걸 발견한다. 그래, 지금 필요한 건 정신을 깨울 매운맛이다. 올해 첫 비빔 냉면에 대만족하며 집에 도착해 샤워를 한다.

All Blue. 만화 <원피스>에서 온갖 어종들이 사는 전설의 바다를 일컫는 말이다. 세상 모든 해산물을 전부 구할 수 있는 낙원으로 밀짚모자 해적단의 요리사 상디가 꿈꾸는 곳이다. 만화 <원피스>가 1997년부터 현재까지 연재 중이니 상디는 'All Blue'를 찾아 30년 가까이 모험을 이어가는 셈이다.

꿈을 찾아 떠난 상디의 모험이 (작가의 농간으로) 끝이 보이지 않는 것처럼 나는 모든 예술가들의 꿈인 '예술가란 말이 부끄럽지 않은 예술가'라는 꿈을 쫓고 있다. 가도 가도 잡을 수 없는 수평선

처럼 아마도 난 나의 'All Blue'를 만나지 못할 것이다. 하지만 있는 식재료만으로 멋진 요리를 내놓는 상디처럼 살고 싶다. '창작'보다 '업무'로 가득한 일상이더라도, 그걸 바탕으로 어떤 창작물로 내놓을진 온전히 나에게 달렸다.

SUN. PM 07:41 –

파랑에 둘러싸여 휘몰아쳐 사라진 거울 속

가라앉는 게 당연한 어제의 민낯을 젖은 수건에 보관하고
새 얼굴로 이동한다

샤워를 마치고 선풍기 앞에서 머리를 말리며 오늘 내 바닥에서 건져 올린 무언갈 들여다본다. 그림을 그리기엔 에너지가 없고 시를 쓸 정도의 에너지는 남아 있다. 그래도 다행이다. 냉장고에서 무알콜 맥주 한 캔을 챙겨서 앉은자리 책상을 피고 퇴고하던 시 한 편을 꺼낸다. 내가 사랑하는 야근 시간이다.

All Blue*

세수를 하며 쉬기 위해 숨을 멈춘다
양 볼을 간지럽히는 코코넛 향 비누 거품
수돗물 속 익숙한 고요

파라솔 아래 말리브 선셋 손에 들고 거대한 짠물 두려움 없이
음미한다 메마른 주름에 파고드는 사십 초 남짓의 바캉스 두
눈 부릅뜨지 않아도 부드러운 흐름이

숨이 막혀 재빠르게 씻어내린다

보이지 않던 바다 눈가에 선명하게 흐르는 문신
파랑에 둘러싸여 휘몰아쳐 사라진 거울 속

가라앉는 게 당연한 어제의 민낯을 젖은 수건에 보관하고 새
얼굴로 이동한다

* 만화 <원피스>에서 모든 어종이 사는 꿈의 바다를 일컫는다.

함께 쓰는 섬 18기 作. (2025. 7. 6)

포기하고 쓴 책

섬그늘

Anthology Novel

밤잠을 **포기하고 쓴 책**

소설집

5:30 A.M

DEEP SLEEP

김준우
배준익
염지연

섬그늘

각자의 페이지가 포개져 탄생한
우리들의 이야기

《포기하고 쓴 책》은 전북 전주시 구축 아파트 상가에 자리한 동네책방 '그 섬에 가게'의 글쓰기 모임 '함께 쓰는 섬'에서 지역 청년들이 쓴 글들을 모은 앤솔러지 책입니다. 2025년 현재까지 스무 명이 넘는 지역 청년들이 각자의 고민과 감정을 시, 에세이, 소설, 네 컷 만화 등 다양한 형태의 창작물로 쓰고 나누며 공감하는 시간을 가졌습니다. 이 책은 '함께 쓰는 섬' 모임에 참여했던 이들 중 출판 의사를 밝힌 여섯이 만든 소모임 '시시한 컴퍼니'에서 내놓는 첫 번째 책입니다. 일요일 늦잠을 포기하면서까지 모임에 참여해 글을 쓴 이유에 대해 고민하며 소설을 쓰고 에세이를 지었습니다.

3년 가까이 모임을 기획하고 진행하는 동안 말이 아닌 글로 마음을 공유하며 치료받는 순간들을 목격하였습니다. 원석 같은 그 순간들을 주세에 정세해 책으로 내놓습니다. 전분 작가가 아닌 평범한 청년들이 "포기할 수 없어 포기하고 쓴 글"을 통해 많은 이들이 '쓰기'에서 오는 기쁨과 위로를 느끼시길 간절히 바라봅니다.

시시한 컴퍼니 대표

최민주

평일 카페 / 퇴근 후 늦은 저녁

준우, 준익, 지연. 지친 세 사람이 카페에 마주 앉는다.
늘 일요일 오전 시간에 만났는데 이렇게 평일 저녁에 보는 건 처음
이다.

준익   프롤로그라니, 드디어 책이 나오나 보네요. 마감 기한이
촉박해서 글쓰기 모임 때 말고도 따로 더 써오셨잖아요.
혼자 쓰실 땐 주로 언제 쓰셨어요?

준우   전 휴일 오후에 PC방 가서 썼어요. 쓰다가 완성 안 되면
저녁에 좀 더 쓰고.

지연   우와, PC방에서 집중이 잘 되나요?

준우   전 됩니다. (웃음) 칸막이도 잘 돼 있고, 약간 백색 소음처
럼 조금 시끄러운 것도 편안해요. 주변에서 열심히 게임하
니까 저도 열심히 씁니다.

지연   저는 진짜 밤잠을 포기했어요. 카페인 알약 먹고 늦은 밤까지 썼는데요. 잠 못 자서 정신이 약간 나가잖아요? 그러면 제 소설 속 AI 대사 부분이 아주 잘 써지더라고요. 졸리니까 인간성이 상실돼서 마치 AI가 된 느낌? (웃음) 그런데 쓰고 나서 AI한테 교정·교열해달랬더니, 제가 쓴 AI 대사를 인간 느낌이 들게 바꿔놨더라고요. (일동 웃음)

준익   평소에도 밤에 쓰시는 스타일이세요?

지연   일필휘지라는 말을 좋아해요. 느낌 왔을 때 한 편을 완성해 내려는 욕구가 강해요. 밤에 쓰다 보면 등장인물들이 알아서 달리다가 어떤 지점에서 '여기서 끝내도 될 것 같은데?' 이런 느낌이 들잖아요? 그때 결말을 짓는 거 같아요. 아, 그래두 현생 살려면 밤에 쓰면 안 되긴 하죠. 준익님은 저처럼 늦은 밤에 잘 안 쓰시죠?

준익   네. 마감 직전까지 완성을 못해서 '이거 안 된다. 기한은 맞춰야 된다.'라는 생각에 처음으로 무리해서 새벽 4시까지 써서 완성했어요. 그러고 나니까 이런 생각이 들더라고요. '이 소설을 완성하기 이전의 나랑 이후의 나는 질적으로 다르다.' 왜냐하면 이 소설을 처음 구상했던 게 2년 전인데 계속 쓰다가 포기하고, 쓰다가 포기하고. 내가 뭐하

고 있는 거지 싶었는데, 완성 그 자체로 뿌듯합니다. 아, 그리고 결말이 제법 희망차졌답니다. (웃음)

지연 저 준익 님 소설 읽으면서 '나도 쓰다가 만 소설을 이번 기회에 꼭 끝내야지.' 하고 자극받았어요. '완성한 소설들 중 제일 마음에 드는 걸 실어야지' 하고 욕심부렸죠. 그렇게 소설 한 편과 쓰고 싶은 소설들에 대해 상상하는 에세이가 완성되었네요. 마감 기한 동안 제 나름의 최선을 다한 건데, 많이 아쉬워요. 하하.

준익 그래도 언젠간 에세이 속 소설들 다 쓰실 거잖아요?

지연 물론이죠! 준익 님은 소설 또 쓰실 건가요?

준익 저도 당장 쓰고 싶은 이야기는 떠오르지 않았는데, 언젠간 또 소설에 도전하고 싶어요. 준우 님은 원래 네 컷 만화 하시려다 소설로 변경하셨잖아요. 아쉽진 않으세요?

준우 우리 마감 기한이 일주일 미뤄진 것만 미리 알았으면 네 컷 만화 완성했을 거예요.

지연 아이쿠, 죄송합니다. 제가 욕심부렸어요.

준우 괜찮아요. 이미 떠나보냈기 때문에. (웃음)

지연 만화 속 진상 캐릭터들이 책에 못 실리는 게 아쉽긴 하네요.

준우 어쩌다 보니 만화 대신 소설로 풀게 됐네요. 아, 제목이 좀 고민이에요. '위대한 방방 주무관'이었다가, 유치해서 '주무관'으로 바꿨다가, 일단 '방방 주무관'으로 했어요.

준익 첫 소설이신데 술술 잘 읽히던데요? 직장 생활에서 겪는 웃픈 순간을 잘 포착하셨더라고요. 헉, 벌써 10시가 다 돼 가네요. 우리 내일도 출근해야죠!

일동 동시에 한숨 쉬다 웃으며 마지막으로 입에 컵을 댄다. 녹은 얼음이 부딪히며 경쾌한 소리를 낸다.

차례

밤잠을 **포기하고 쓴 책** ———— 소설집

기획자의 말 각자의 페이지가 포개져 탄생한 우리들의 이야기 | 136
프롤로그 | 138

단편 소설1 **김준우**
      방방 주무관 | 145
작가 후기 뭘 해도 그만인 나의 일요일 아침 | 169

단편 소설2 **배준익**
      초과 근무 | 173
작가 후기 (애)쓰며 삽니다 | 195

단편 소설3   **염지연**

FAKE LOVE | 199

소설 스케치   N의 비극 | 219

작가 후기   죄송한데 그건 | 233

김준우

일요일 아침엔 습관처럼 일찍 눈이 떠졌다가, 다시 이불 속으로 들어가 단잠을 즐기곤 해요. 그러다 문득 떠오르는 장면이나 말들이 있으면, 머릿속에 그려봅니다. 그러다 이불 밖을 나와서 글을 써 보면 어떨까 하는 생각했어요. 제가 쓰는 이야기들은 누군가를 비판하거나 비난하려는 게 아닙니다. 오히려 평범한 하루 속에서 피식 웃을 수 있는 포인트를 찾아내는 게 더 좋습니다. <방방 주무관>도 그렇게 시작됐어요. 가볍지만 그냥 넘기긴 아쉬운 순간들, 그런 것들을 슬쩍 붙잡아 두고 싶은 마음에서요. 딱히 대단한 목표가 있는 건 아니지만, 오늘도 그냥 씁니다.

방방 주무관

김준우 단편소설

"방방 주무관님이 깨어났다고요?"

서준은 전화를 끊고, 엘리베이터로 내려가 서둘러 집을 나왔다.

일을 빨리 해치우고 어디라도 떠나 버릴까 싶었다. 일본 여행을 위해 챙겨온 자동차 트렁크 안에는 일본 그랑프리 동안 응원할 때 입으려고 준비한 유니폼과 여행 가방이 들어 있었다. '친구들은 이미 내가 일본 스즈카서킷에 있다고 생각하겠지……' 서준은 중얼 거리며 시동을 걸었다. 평소라면 막힐 시간인데 황금연휴라서 그런지 주말 아침처럼 도로가 한산했다.

올해 달력을 받아 들며 F1 일정과 연휴를 체크했을 만큼 기대했던 일본 여행이었다. 그런데 어쩌다 공항도 못 가고…… 올해 첫 장맛비와 함께 방방 씨를 만나면서 이 불행은 시작되었다.

서준은 방방 씨와 첫 만남을 생각하자 한숨과 부끄러움이 밀려왔다. 방방 씨의 첫인사와 재미없는 농담과 한번에 이해한 서준이었지만 못 들은 척 일부러 되물었다.

"네?"

서준이 고개를 갸웃거리며 되묻자, 방방 씨가 말했다.

"제 나이는 치사하지만 사람은 아닙니다요. 껄껄껄."

"아 그 74요?"

74년생입니다. 방방 씨의 첫인사였다.

6개월 전 서준은 계장으로 승진했다. 그의 나이, 서른넷, 시장 수행비서로 3년을 주말 없이 시간을 보내다 보니 동기 중에서도 승진이 빨랐다. 빨리 승진해서 기뻤지만 본청을 떠나 시내에서 차로 한시간 거리의 한 주민 센터 계장으로 발령이 나버렸다.

그날 처음 만나고 삼십 분간 서준은 땀을 뻘뻘 흘리며 폐지를 정리하다 마주치며 꾸벅 인사하던 방방 씨를 처음에 민원인으로 착각하고 응대했었다. 사실 방방 씨는 지역방송 출연으로 지역에서 유명 인사였지만, 서준은 퇴근하고 잠만 자다 보니 한가하게 텔레비전을 볼 여유 따윈 없었다.

방방 씨는 74년생 신규자 중 최고령 합격자였을 뿐 아니라, 특유의 명랑한 성격과 좌중을 압도하는 입담을 가졌다. 근무한 지 1년 차인 방방 씨는 한참 나이 어린 선배에게도 깍듯하고 붙임성 있게 행동했다. 저마다 방방 씨를 한번 만나면 사람 좋다는 칭찬에 침이 마를 틈이 없었다. 방방 씨는 출근부터 남달랐다. 제일 먼저 출근해서 전 사무실 책상을 다 닦고, 본인은 마시지 않는 원두커피 커피머신 안을 깨끗하게 청소해 두었다. "제가 아침잠이 없기도 하고, 청소하면 마음이 상쾌해져서…"라며 수줍게 웃으며 정작 본인은 믹스커피를 마셨다.

방방 씨는 살아온 세월만큼 잔재주가 많았다. 버리려고 놔둔 목이 부러진 선풍기를 고친다던가. 그뿐인가, 손수 만들어 온 수육 보쌈은 지금도 군침이 돌만큼 맛있었고, 본인의 유투브 계정에 자신의 춤추는 쇼츠를 올릴 정도로 신문물에 밝았다. 그가 있는 주민 센터는 반질반질 윤이 나고, 분위기는 활기차졌다. 방방 씨는 걸을 때마다 튀어나올 것 같은 커다란 배를 요리조리 추스르며 민원실을 종종걸음으로 활보했다. 자신이 필요한 곳이라면 그곳이 어디든 찾아 나섰다. 방방 씨의 열정은 악성 민원인마저도 굴복시켰다.

"어이 아가씨" 이러면서 여성 직원들을 커피 심부름으로 괴롭혔던 악성 민원인 김재섭 씨는 이틀에 한 번꼴로 찾아와 주민 센터를 뒤집어 놓고 가곤 했는데 어느 날부턴가 방방 씨가 타 준 믹스커피와 근황 토크에 소파에만 머물다 웃으며 돌아갔다. 교도소도 못한 갱생을 해낸 방방 씨였다.

남는 게 시간뿐이라 하릴없이 주민 센터에 찾아오는 동네 원로원들은 방방 씨를 총각이라 부르며 자주 찾았고 좋아했다. 물론 서준도 처음부터 방방 씨가 미웠던 건 아니었다. 하루에도 몇 번씩 복장 터지는 일을 겪으면서 방방 씨의 선한 행동도 미워 보이기 시작했다 민원 줄이 문 앞까지 늘어져 있을 때도 급한 일은 제쳐두고 노인들 커피나 사탕이나 챙기는 등 꼭 해야 할 일은 안 하고, 혼자만 바쁜 방방 씨가 도무지 이해가 가지 않았다.

덕분에 서준은 매일매일 초과 근무 당첨이었다. 일의 우선순위가 없는 방방 씨라, 일하다가 옆 사람이 도와달라고 하면 그거 하러 일어서고, 그러다가 또 누가 부르면 그게 제일 중요한 일이 되고. 벌여 놓은 일은 여러 가지면서 정작 끝내는 건 하나도 없었다. 서준은 칼퇴를 기대했지만 마침표 없는 방방 씨와 함께 일하게 되면서부터는 칼퇴는커녕 쌓여가는 서류들을 검토하느라 오히려 초과 근무를 해야만 했다.

서준은 점점 예민해졌다. 그리고 방방 씨가 늘어놓은 업무를 적당한 선에서 끊어야 했기에 늘 악역을 자처해야 했다. 바쁠 때마다 예고 없이 들이닥치는 악성 민원인들은 방방 씨와 비교해 엄격한 서준이 야박하다며 투덜거렸고 메뉴얼보다는 인심을 앞세워 일하는 방방 씨는 친절 공무원이 되어 선물로 받은 캐리커처가 주민 센터 정문에 박제되었다. 그걸 볼 때마다 서준의 속은 부글부글 끓어올랐다. 더구나 나이와 직급이 거꾸로 되다 보니, 민원인들 사이에선 방방 씨를 더 직급이 높은 사람으로 대했고, 계장인 서준은 버릇없는 말단 직원 정도로 무시했다. 시간이 지날수록 서준이 방방 씨를 미워하는 것은 당연할 수밖에 없었다. 비서실에서는 1년만 참으면 다시 본청으로 발령을 내주겠다며 서준을 달랬다. 그리고 방방 씨 같은 고령의 신입을 잘 데리고 있는 것이 상사로써 좋은 점수를 받을 수 있다는 말도 덧붙였다. 서준은 속상한 마음을 꾹꾹 눌러 담았다.

"띠리리링"

동장에게 방방 씨가 회복실로 옮겨 잠들어 있다고 연락이 왔다. 처음 방방 씨 소식을 듣고 서준은 너무 놀랐다. 방방 씨의 일은 뉴스에도 잠깐 나왔다. 물론 지역의 싱크홀 뉴스에 금방 잊혔지만…….

방방 씨는 갈비뼈와 팔에 금이 가고 볼에 상처를 입은 것을 제외하고는 다행히 다른 곳은 괜찮았다. 다만 결혼 준비로 며칠째 하루 두세 시간만 자던 피로가 누적돼 코까지 골며 잠들었다. 넘어지면서 찢어진 볼은 테이핑과 함께 대화 금지라는 푯말이 붙었다.

"서준아, 근데 말이야 방방 씨가 깨어났을 때 자꾸 '가발 가발' 하기에 내가 가발 벗겨졌냐고 하니까 고개를 세차게 젓더라고. 그게 가방이라는 걸 한참 동안 듣고 알았다니까."

"가방이요?" 동장의 말을 되묻으면서 서준은 전날 있었던 일을 되새겨 봤다.

"혹시나 노래방에 있을까 싶어서 몇 번을 뒤졌는데 가방 같은 건 흔적도 없더라고. 서준아, 그날 방방 씨랑 헤어질 때 가방 같은 거 본 적 있어?"

서준은 동장의 말에 자신과 방방 씨의 자리를 가로막던 파티션 같은 가방을 떠올렸다. 방방 씨의 커다란 여행 가방, 그것을 방방 씨에게 가져다주는 것이 서준이 해치워야 하는 일이었다. 갑자기 쏟아지는 졸음에 하품하며 주변을 살폈다. 여전히 사무실까지 20분 정도 남았다.

연휴를 이용한 일본 여행 일정이 어그러지기 시작한 것은 3개월 전이었을 것이다. 오후 다섯 시가 넘으면 주민 센터 민원인 방문이 뜸해 한가해진다. 그 일몰 같은 평화로운 시간에 모니터로 여행 일정을 보고 있던 서준에게 "똑똑" 입으로 노크 소리를 내며 방방 씨가 말을 걸었다.

"계장님" 캡처한 비행기 표를 보여주는 방방 씨의 입이 귀에 걸려 있었다. 방방 씨에게 결혼할 사람을 만나러 베트남을 가겠단 말을 수도 없이 들었지만 실제로 표를 끊은 건 처음이었다.

"이번엔 진짠가 보네요?" 놀라움에 서준의 목소리도 커졌다. 그러다 민원인 한 명이 창구로 걸어왔다.

"무슨 일로 방문하셨나요?" 서준은 다소 귀찮고 사무적인 목소리로 말했다. 학교 체육복을 입은 여학생이 자리에 앉아서 수급자 신청서를 내밀었다.

"보호자는요? 학생 혼자 왔어요?" 조금은 냉정한 서준의 목소리에 학생은 한참을 망설이다가 겨우 "네."라고 대답했다. 평소라면 서준은 조금은 친절해지려고 노력했겠지만, 옆에서 비행기표나보면서 히죽거리는 방방 씨 때문에 그럴 수 없었다. 아니 그러고 싶지 않았다. 여학생은 눈을 내리깔고, 입술을 매만지다 주저하듯 자리에서 일어났다.

"다시 올게요."

"다음에는 부모님 모시고 와요." 서준은 주저하며 돌아서는 여학생이 교복이 아니라 학교 체육복을 입고 온 것이 눈에 띄었다. 놓고 간 신청서를 쓱 훑어봤다. 최미나. 14살. 이라고 쓰여 있을 뿐, 신청서는 텅 비어 있었다. 방방 씨의 자리에서 방방과 대머리 동장의 대화가 들렸다.

"그 이름이 뭐라고 했지? 색시 말이야."

"아직 아닙니다." 방방 씨가 손사래를 치며 말했다. 그러다 결국 그녀의 이름을 소개했다.

"코입니다."

"쿄?"

"아니, 코요. 코스모스의 코!"

서준은 코, 쿄, 거리는 동장과 방방의 대화를 듣고 노년의 플러팅 방법을 전수하는 오십대 후반 아재나 열심히 듣는 74년생 노총각이나 둘 다 제정신이 아니라고 생각했다. 동장은 자신이 방방 씨의 결혼에 꽤 지분이 있다고 주장했다. 동장의 선 넘는 행동에도 흐흐흐 웃기만 하는 방방 씨의 물러 터진 대처 때문에 동장의 오지랖은 서준에게까지 넘어왔다. 동장은 서준이 동사무소에 첫 출근할 때부터 결혼을 왜 안 하는지 같은 선 넘는 질문들을 쏟아냈다. 빌미를 제공하는 방방 씨 때문에 그 질문을 다시 듣게 된 상황이 너무나 별로였다.

방방 씨는 공무원이 된 후 이젠 결혼이 다음 관문이라도 되는 것처럼 결혼하고 싶다는 말을 서슴없이 했다. 그렇다 보니 사무실 직원들에게 방방 씨의 결혼은 큰 화젯거리였다. 물론 방방 씨의 결혼에 적극적으로 도우려 했던 몇몇 사람들이 소개팅을 주선하기도 했었다. 딱히 성과는 없었지만. 방방 씨는 회사에서 하는 행사에도 적극 참여하며 결혼할 수 있는 방법을 찾으려 노력했다. 서준은 오십 넘은 노총각 방방 씨의 이 결혼에 대한 열망이 지긋지긋하면서도 문득 '결혼을 하면 좋나?' 하는 궁금증이 생겼다. 서준은 생각했다.

좋게 말하면 순수, 나쁘게 말하면 순진. 사회생활을 늦게 시작해서인가?

*

서준은 직원들이 이용하는 문을 열고 주민 센터 안으로 들어갔다. 연휴 동안 전원을 꺼둔 텅텅 비어있던 사무실 안에서 방방 씨가 확대시킨 스투키 화분이 말라가는 것이 눈에 띄었다.

오잉? 단 하루 자리를 비웠을 뿐인데 방방 씨가 없는 사무실에 생기마저 사라진 느낌이었다. 서준은 화분에 물을 주기 위해 화장실에서 물을 뜨면서 더러워진 정수기를 봤다.

"그냥 놔두세요. 정수기 관리해주시는 여사님이 청소해주시는데."

"제가 하는 게 편해요." 방방 씨는 빙구처럼 웃으며 하면서 팔을 걷어붙이고 걸레로 정수기를 닦았다. 그런 행동을 할 시간에 업무적인 효율성에 관심을 더 가져줬으면 했다.

그 사건이 아니었다면…… 지금쯤 베트남 공항에서 내린 방방 씨가 결혼할 신부인 코를 만나 그녀의 가족들과 만남을 갖고 있겠지, 서툴지만 몇 달 동안 연습해 온 베트남어를 하면서. 서준은 먼지가 쌓인 주민 센터 안의 공기를 들여 마셔 보았다. 서준은 방방 씨의 좁은 자리를 더 좁게 가로막던 방방 씨의 커다란 여행 가방의 손잡이를 잡았다.

"어휴, 겁나 무겁네."

여행 가방은 서준의 허리춤까지 올라오는 커다란 가방이었다. 2주간의 일정을 소화하기 위해서 꾹꾹 눌러 담은 짐들로 바퀴를 굴리는 것도 쉽지 않았다. 등줄기에 땀이 나는 것 같았다. 대머리 동장에게 방방 씨에게 가방을 가져다주겠다고 말했던 것이 후회되었다. 명색이 담당 상사로서 그 정도의 일은 해야 한다고 생각했다. 하지만 왜 그런 말을 했는지 자신이 원망스러웠다. 서준은 구두를 벗고, 가끔 신는 크룩스로 갈아 신었다. 셔츠의 소매도 걷어 올렸다. 얼마 전 여행 가방을 싸는 방방 씨를 보면서 들었던 생각이 또 한 번 떠올랐다.

텔레비전에서 외국인 며느리와 시어머니가 친정집을 동행하는 프로를 본 적이 있다. 이제 막 소녀티를 벗은 듯한 20대 초반 며느리와 한국의 시어머니는 곧 쓰러질 것 같은 변변찮은 판잣집에 도착해 과밀하게 살고 있는 친정 부모와 눈빛과 보디랭귀지로만 대화했다. 사진으로만 등장하는 외국인 새댁의 남편은 그녀의 아버지보다도 나이가 많아 보였다. 방방 씨는 몇 개월 전부터 베트남어를 배우고 있었지만, 같은 한국어를 사용하는 자신과도 소통이 어려운 방방 씨가 다른 사람과 세계관을 교감할 수 있을지는 알 수 없었다. 그냥 나라만 바뀐 거지. 서양인과 결혼하는 사람들을 비난하진 않으니까. 그럼에도 방방 씨가 그런 결혼을 하려고 한다는 게 못내 마음에 걸렸다. 마침 공항 가는 리무진 버스가 서준을 지나쳤다.

서준은 상상했다. 방방 씨의 가방이 화물 전용 검색대를 거쳐 비행기에 실린다. 방방 씨는 새로운 인연에게 줄 꽃다발을 소중하게 안고 비행기 안에 앉아 있다. 하늘을 날아 베트남에 다다랐을 때 방방 씨의 가슴은 트렁크 무게 이상의 설렘으로 가득 찰 것이다. 서준은 갑자기 방방 씨에게 연민이 들었다.

*

방방 씨의 베트남 출국일로부터 며칠 전 방방과 서준은 오랫동안 고민했던 미나의 기초생활보장 수급자등록을 마쳤다. 그동안 방방 씨와 서준은 거짓으로 수급자 행세를 하는 사람들을 추려내기 위해 바쁘게 보냈다. 미나의 경우는 반대였다. 서류상으로는 매우 불리했지만 미나의 사정상 수급자로서 받아야 하는 보호 대상임이 분명했다.

서준은 방방 씨와 함께 미나의 집을 방문했던 날을 떠올렸다. 허름한 달동네, 그 동네에서도 돌계단을 올라야 마주할 수 있었던 낡은 대문, 마당엔 관리하지 않아 무성한 이끼들이 벽돌 위에 가득 자라 있었다. 미나와 할머니가 세면대로 사용하는 듯한 수돗가 옆에는 크기가 일정하지 않은 갈색 고무 대야가 어지럽게 포개져 있었다. 마당의 한쪽에는 모아놓은 파지들이 수북이 쌓여 있었고, 장맛비에 젖어 그것들이 정돈되지 않아 나는 악취가 코를 찔렀다. 방방 씨에게 들은 바로 미나의 아버지는 지방을 떠돌아다니며 건설 일을 하였는데, 미나의 엄마가 집을 나가고는 미나와 할머니만 이 집을 지키고 있었다. 몇 달 전까지 노인 일자리로 생계를 유지하던 할머니가 다리를 다치면서 생활이 어려워졌고 수급자 신청을 하고 싶었으나 미나 아버지의 존재가 떡하니 버티고 있으니 실질적으론 수급자 지정이 어려웠다. 어쩌다 집에 와서 생활비를 주고 가곤 했던 아버지였지만 술과 도박에 빠진 후론 거꾸로 미나를 찾아와 행패를 부리곤 했다. 방방 씨는 딱한 미나의 사정에 마음이 아팠는지 서준을 설득했고, 그렇게 서준도 방방 씨와 함께 미나의 집에 방문하게 되었다.

차분히 미나의 집을 둘러보면서 법의 테두리 안에서 어떤 방식으로 도울 수 있을지를 생각하고 있던 서준과 달리 방방 씨는 어느새 미나의 부엌에 들어가서 된장찌개를 끓이고 있었다. 미나의 할머니가 다리를 절뚝거리며 방방 씨 곁에서 잔일을 도왔다.

"아이고, 이거 미안해서 어떡하나?"

"에헤이, 이런 걸로 뭘요. 어르신. 앉아 계세요. 곧 완성됩니다."

방방 씨가 간 본 숟가락으로 찌개를 휘휘 젓더니 불을 끄며 말했다.

"주무관님 잠시만요." 서준이 조용히 방방 씨를 불러냈다. 적당한 곳을 찾지 못해 미나의 대문 앞에 섰다.

"주무관님 참 안타까운 상황인 거 알지만요. 우리가 할 수 있는 선만큼만 하시죠?" 서준은 최대한 부드럽지만 분명하게 말하려고 애썼다.

"네 계장님. 하지만 보호자가 보호자 역할을 안 하는 걸 저희가 안 이상 도울 수 있으면 도와야 하지 않을까요?" 방방 씨의 목소리가 떨렸지만 단호했다. 처음 보는 모습이었다.

골목에서부터 달려오던 미나가 심각한 분위기를 눈치채고 멈춰섰다. 목 부위가 헤지고 늘어진 티셔츠를 입은 미나의 이마에서 땀이 송골송골 맺혀 있었다. 미나는 검은 봉지를 부스럭대며 식혜 두 캔을 꺼냈다.

"이거. 더우실 거 같아서." 잔뜩 움츠러든 미나가 말끝을 흐렸다. 방방 씨는 언제 심각했냐는 듯 방긋 웃으며 미나가 보는 앞에서 꿀꺽꿀꺽 단숨에 식혜를 마셨다. 체중 관리하느라 음료수는 안 마시는 서준도 눈치를 보는 듯한 미나의 눈빛을 외면할 수 없었다. 서준이 분위기를 바꾸려 다 마신 캔을 머리에 털자 그제야 미나가 웃었다.

*

"아휴 뭐가 이렇게 무겁대." 서준은 차에 트렁크도 꽉 차고 피곤하기도 하고 택시를 타고 가기로 했다. 잠시 후 호출한 택시가 도착하고 커다란 트렁크를 보더니 가방 무게 때문에 바퀴가 터질지 모르니 추가 요금을 받아야겠다고 택시 기사가 농담을 했다. 서준은 정색하며 한 장을 추가로 꺼내 내밀었다.

"아! 농담입니다!" 하지만 택시 기사는 조용히 돈을 주머니에 챙기며 마스크를 썼다. 침묵과 맞바꾼 만 원짜리였다. 택시는 주민 센터에서 이십 분 정도 거리에 있는 병원으로 향했다. 지루한 차 안에서 서준은 방방 씨의 면접 합격기가 떠올랐다.

공무원 나이 제한이 없어지면서 사회 경험은 부족한 고령의 합격자들이 많이 유입되었다. 다양한 사람들이 들어오면서 득도 있었지만 문제도 생겼기 때문에 면접은 한층 강화되었다. 당당하게 면접을 합격한 방방 씨 합격 스토리는 동장이 더 좋아했다. 동네 어른들이 주민 센터에 커피라도 한잔하러 올 때면 방방을 불러 앉혀서는

"방방 씨 거 면접 합격한 얘기 좀 해봐." 하고 껄껄껄 웃었다. 그러면 방방 씨는 눈을 지그시 감고 말했다.

"처음 문을 열고 들어갔을 때 말이죠. 분위기가 냉랭해서 바로 미역국을 머겠구나! 예감했었습니다. 하지만 9불9불하고 8란만장했던 저의 인생을 이야기하면서 모두 저의 이야기에 빠져들더니 기립박수를 쳤지요. 그만 가발이 벗겨진 면접관도 있었다니까요!"

새로운 사람들을 만날 때마다 반복했던 레퍼토리였기에 수없이 들어온 지겨운 합격담이 갑자기 왜 떠오르는지 서준 자신도 알 수가 없었다.

방방 씨는 공부에 딱히 재능이 없어서 8수 끝에 지방대 법대에 들어갔다고 했다. 텔레비전에서 판관 포청천을 보고는 법관의 꿈을

꾸었다는 진부한 이유로 고시 공부를 병행하며 늦은 대학생 생활을 했지만 집안이 기울어지고 어쩔 수 없이 고향으로 와 농사를 지으면서 시간을 보냈다고 했다. 가세가 어느 정도 회복되자 방방 씨는 다시 사법고시를 준비했다. 중간중간 아르바이트하면서 하다 보니 합격 소식이 늦어졌다고 말했지만, 방방 씨의 천성은 애초에 책상에서 엉덩이 싸움하는 것과는 거리가 멀었다, 사람만 좋아하고 실속은 없다 보니 점수와는 멀어지는 나날이었을 것이다. 사법고시가 완전히 폐지되면서, 방방 씨는 새로운 꿈을 찾아야 했다. 그는 여전히 공직 생활을 꿈꾸었고, 몇 번의 도전 끝에 9급 공무원에 합격하게 되었다.

면접 때 자신보다 어려 보이는 면접관을 향해서 기회를 주면 최선을 다하겠다는 방방 씨의 말대로 방방 씨는 매사에 최선을 다했다. 돋보기안경을 꺼낼 시간과 팔토시 착용하는 준비시간이 늘 필요했지만, 어떤 일에도 게으름피우지 않았다.

*

생각이 잠기다 보니 저 멀리 병원이 보였다. 기사님이 지금 병원 입구 통행로 공사 때문에 언덕 위부터는 택시가 갈 수 없다며 택시를 멈추고 방방의 가방을 내려주었다. 병원으로 가는 길은 큰 경사가 있었다. 이 부분 때문에 사고가 자꾸 나니, 공사를 하는 듯했다. 연휴라 공사는 중단된 상태였다. 서준은 라바콘이 여기저기 놓여 있는 공사장을 피해 가방을 끌고 올라갔다가 다시 내리막길 경사로를 조심스럽게 내려갔다. 그러나 다 왔다고 방심하는 순간 홈파진 도로에 발이 끼어서 미끄러졌고, 가방의 무게를 버티지 못하고 손을 놓아버렸다. 가방은 마치 투석기처럼 날아가 제멋대로 공사 중 푯말을 박살내고는 데굴데굴 굴러갔다. 방방 씨의 커다란 가방이 공중에 날아갔다. 가방 안에 있던 물건들이 함께 튀어 올랐다가 인도 쪽으로 쏟아졌다.

"망했다!" 서준은 자신도 모르게 소리쳤다. 폭탄이 터진 것 같았다. 순식간에 도로 위의 사람들과 행인들이 그 광경을 구경했다. 가방 속에 있던 폭탄이 왜 이 순간 터진 것인지 서준은 당황스럽고 수치스러웠지만 어떻게 수습해야 할지 몰라 허둥댔다. 바닥에는 가방에서 쏟아져 나온 온갖 잡동사니들이 꽉꽉 싸매놓은 비닐을 뚫고 바닥을 뒹굴었다. 부끄러워진 얼굴색 같은 복분자주가 깨진 병 사이로 흘러나왔다.

"계장님!" 버스를 타고 병문안을 오는 길이었던 미나가 서준을 보자마자 부리나케 달려왔다.

"미나야!" 반가움과 부끄러움에 서준은 소리쳤다. 미나의 도움으로 가방과 물건들을 대충 수습하고 함께 병원 1층에 있는 카페에서 가방을 정리했다. 카페 직원에게 비닐봉투 여러 개를 구해와 가방 안 물건들을 옮겨 담았다. 가방 속에는 예비 신부가 좋아한다는 한국 아이돌의 굿즈까지 살뜰하게 들어있었다. 그 양이 하도 방대해서 미나와 서준은 정리하는 데 한참이 걸렸다.

"미나야 뭐 좀 먹을래? 우리 먹으면서 하자." 서준이 커피와 빵을 주문했다. 그나저나 많이 놀랐을 텐데 태연한 미나가 대견하게 느껴졌다.

"넌 괜찮니? 할머니는 요즘 어떠셔?" 서준은 순간 자기도 모르게 다정하게 말한 것 같다고 느껴져서 괜히 멋쩍어졌다. 그러면서 장아찌 국물이 덕지덕지 묻어있는 앨범을 물티슈로 정성스럽게 닦았다. 진한 간장 냄새가 나는 사진 앨범에는 <방방 일대기>라는 한자가 궁서체로 적혀있었다. 서준은 "오우쉣"이라고 자기도 모르게 소리쳤다.

그러면서도 앨범이 궁금해진 서준이 "궁금하지?"라고 묻자 미나가 고개를 끄덕이자, 서준은 오라고 손짓했다. 미나가 살짝 망설이다가 방방 씨 앨범을 열었다. 첫 장에는 오래된 예식장 배경의 흑백사진이었다. 큰 눈에 똘망똘망한 표정의 아기는 방방 씨 그 자체였다. 다음은 성룡 흉내를 내는 방방 씨의 청소년 시절, 다음은 배 위에 서 있는 방방 씨의 20대 사진, 학사모를 쓴 30대 사진, 비닐하우스에 있는 40대 무렵의 모습, 방방 씨가 살아온 발자취가 고스란히 담겨 있었다. 그리고 서준이 포함된 주민 센터 직원들과 찍은 단체 사진까지. 다음 장은 두둥, 없었다.

"To be continued."라는 말과 함께 사진첩이 비어 있었다. 추석 연휴를 앞둔 목요일 밤, 방방 씨는 다음 날 새벽 7시 비행기로 베트남에 갈 예정이었다. 대머리 동장은 갑자기 총각 파티를 해주겠다고 바람을 잡았다. 남아 있던 주민 센터 직원들과 케이크까지 준비해서 노래방으로 직행했다. 방방 씨는 술에 기분 좋게 취해서는 트로트 한 곡을 신나게 부르고 있었다. 가사 한 소절 한 소절에 감정을 꾹꾹 눌러 담아 노래에 취해서 자신의 이야기인 것처럼 불렀다. 그리고는 동장과 다른 직원들과 함께 옛날 춤을 췄다. 서준은 방방 씨와 대머리 동장의 무릎에 인공관절이 끼워질 미래가 보이는 것 같았다. 아저씨들의 열광적인 댄스를 외면하면서 아까 전부터 계속 울려대는 방방 씨의 전화기가 신경이 쓰였다. 서준은 이제 집으로 가야겠다고 생각해, 가방을 챙겨서는 밖으로 나왔다. 살짝 취기가 올랐는지 몸이 살짝 비틀거렸다. 택시를 호출하고 기다리는 중 멀리서 방방 씨가 서준은 부르면서 뛰어왔다.

"계장님! 계장님! 잠시만요!"

방방 씨가 헉헉거리며 숙취 해소환을 건넸다.

"저 술 별로 안 마셨어요. 아무튼 감사합니다. 참. 베트남 잘 다녀오시고 돌아와서 뵈어요."

서준은 가볍게 고개를 끄덕였다. 그러고는 뒤를 돌아 몇 발짝 걷는데 시선이 느껴졌다. 뒤를 돌아보니 방방 씨가 보지도 않는 서준을 향해서 꾸벅 인사를 하고 있었다.

*

미나는 처음 주민 센터에 방문했을 때 일부러 서준 쪽으로 번호표를 뽑고 기다렸다는 말을 했다. 서준에게 상담을 하고 싶었지만, 무표정한 모습에 용기가 나지 않아 돌아갔던 미나는 놓고 온 신청서가 떠올라 다시 주민 센터로 돌아갔다. 방방 씨는 동장과 대화를 하면서도 유심히 보고 있었던 미나가 다시 오자 냉장고에서 식혜를 꺼내 주었다. 그리고 미나를 편한 자리에 앉히고 편안해질 때까지 이야기를 들어주었다. 미나는 방방 씨에게서 따뜻함을 느꼈다. 방방 씨는 미나의 아빠가 술만 먹으면 찾아와 행패를 부린다는 사실을 듣게 되었고, 언제든지 필요할 때 꼭 연락하라는 말을 했다.

서준은 방방 씨가 잦은 야근과 아침 일찍 출근하는 것이 미나의 연락에 언제든지 응답하기 위해서라는 걸 미나를 통해서 처음 듣게 되었다. 그리고 미나를 돕기 위해 여러 기관을 수소문하고 해결 방법을 찾기 위해 애썼다는 것을 듣게 되었다.

"수급자가 되어서 너무 기뻤어요. 하지만 아빠는 화가 났어요. 가족의 연을 끊으려 한다고 생각했나 봐요." 라고 말하는 미나의 코끝이 빨개졌다. 회식이 끝나고 서준을 택시에 태워 보낸 방방 씨는 어둑한 골목길에서 울음 섞인 미나의 전화를 받았다.

"아저씨. 아빠가 지금 집에 찾아온대요. 할머니랑 저랑 다 죽여 버리겠다고."

방방 씨는 잠깐의 고민도 없이 미나의 집으로 달려가 가족과 대치 중인 미나의 아버지를 만났다. 모자란 아비 행세를 비관하고 다 같이 죽자며 불을 붙였는데, 사실상 겁만 주려던 게 목적이었지만 오래된 가옥은 불길에 순식간에 휩싸였다.

"할머니가 방에 있어요!"

미나의 다급한 울부짖음에 방방 씨는 불타는 집으로 들어가 서둘러 노인을 업고 밖으로 나왔지만 매캐한 연기가 방방 씨를 덮쳤고 방방 씨는 순간 정신을 잃고 쓰러졌다. 할머니가 무사히 땅에 떨어지기 전에 몸을 받치느라 갈비뼈와 팔목에 금이 가기도 했다. 경찰차와 소방차가 곧바로 도착해 화재는 진압되었고, 방방 씨는 응급차에 실려서 병원으로 옮겨졌다.

"저 때문에 베트남 가서 신부도 못 보시고, 제가 많이 밉겠죠."

"그럴 리가, 방방 주무관님은 미나를 도울 수 있어서 기뻤을 거야."

"계장님도 방방 아저씨가 좋은 사람인 거 아시죠? 그날 아저씨에게 계장님이 화내시는 거 봤어요."

방방 씨와 서준은 미나의 집에 처음 왔던 날 미나는 날카롭게 집을 둘러보던 서준과 땀만 뻘뻘 흘리면서 서준의 눈치를 보던 방방 씨를 보았다. 미나는 방방 씨에게 거침없이 말하는 서준의 눈치를 보느라 어쩔 줄 모르며 멀뚱히 서 있었다고 했다.

"내가 방방 주무관님을? 미워한다고?"

서준은 당황스러움을 감추려 웃었다.

"알고 있었어요."

고개를 좌우로 흔들던 미나가 입을 열었다.

"아저씨는 항상 말했어요. 계장님은 정말 좋은 분이라고. 이번 일에도 제일 힘써주셨다고요. 아저씨 말이 맞았어요. 전 계장님이 좋아요."

미나가 환하게 웃자, 서준은 얼굴이 살짝 붉어졌다.

서준은 잠에서 깨어난 방방 씨가 자신의 가방이 도로 한복판에서 펑 하고 터진 것보다 그 가방을 운반해 준 사람이 서준이라는 사실에 송구스러워 어쩔 줄 몰라 한다는 말을 동장에게 전해 들었다. 당장이라도 달려올 기세였던 방방 씨는 병원 방침상 면회를 허락받지 못했다. 서준과 미나는 방방 씨의 가방을 정리해서 전달하기로 했다. 서준은 의자에 앉아서 식혜 선물 상자 옆에서 쪽지를 적고 있는 미나의 모습을 보다가 미나에게 잠시 짐을 맡기고 길 건너 꽃집으로 들어갔다.

"딩동"

문을 열자 수더분해 보이는 꽃집 사장이 서준은 반겼다.

"어서 오세요. 뭘로 드릴까요?" 서준이 망설이자, 꽃집 사장이 웃으며 꽃과 문구가 적힌 카드들을 내밀었다.

"꽃말 카드에요. 드리고 싶은 마음을 골라보세요."

"음…… 존경하는 분한테 선물하고 싶은데요."

약 기운에 쓰러진 방방 씨의 침대 머리맡에 백합 꽃다발과 방방 씨가 좋아하는 식혜를 두고 나오는 서준의 마음에 부끄러움과 약간의 뿌듯함이 밀려들었다.

뭘 해도 그만인 나의 일요일 아침

일요일 아침, 나는 평일과 똑같이 알람 없이 눈을 뜬다. 어쩌면 습관처럼, 혹은 마음 한구석에 긴장이 아직 남아 있어서일지도 모르겠다. 하지만 그런 신상삼과는 달리, 일요일의 시작은 평일과 다르게 아주 느긋하고 단순하다. 일요일 아침이라 한산한 피시방에 가서 게임을 하며, 평소 출근길에 사 마시는 아이스 아메리카노 대신, 피시방에 파는 달달한 커피 우유를 마신다. 그렇게 져도 그만인 게임을 하고 가끔은 인형뽑기방에서 실패해도 그만인 인형뽑기를 한다. 아무것도 아닌 일로 일요일 아침을 보내고, 다시 이불 속으로 들어가 조용한 아침잠을 즐긴다. 그 시간은 누구에게 방해받지 않고 내 마음대로 하루를 조율할 수 있다는 점에서 꽤나 소중하다.

하지만 어느 날 문득, 이런 느슨한 하루 사이에 '조금은 긴장되고, 약간은 부담되는 일'을 해보고 싶다는 생각이 들었다. 그렇게 시작한 것이 바로 '일요일 아침 글쓰기 모임'이었다. 뭔가 대단한 계획이나 야망이 있어서가 아니라, 단지 그 시간만큼은 나를 조금 더 움직이게 만들고 싶었다.

나는 글을 써본 적이 거의 없었고, 글쓰기를 시작할 때마다 지금도 많이 어색한 기분이 든다. 하지만 글을 쓰기 시작하면서 평소에 내가 만나는 개성 넘치는 사람들, 독특한 말투나 표정을 가진 이웃과 친구들이 어느새 내 이야기 속 캐릭터가 되었다. 그들을 바탕으로 가볍고 부담 없이 읽을 수 있는 글을 짓기 시작했다. 누군가를 웃게 하거나, 잠시 현실에서 벗어날 수 있는 틈을 만들어 주는 것. 그것만으로도 내가 글을 쓰는 이유는 충분하다.

글을 쓰러 나가는 날엔 약간의 긴장이 따라오지만, 그것마저도 일상에 작은 활력을 준다. 반대로 모임이 없는 날엔 어쩐지 '오늘은 아무것도 하지 않아도 괜찮아'라는 해방감이 밀려온다. 그 해방감은 게으름이 아니라, 내가 내 삶을 스스로 선택하고 있다는 느낌이다. 쉴 때는 제대로 쉬고, 쓸 때는 있는 힘껏 써보는 것. 그렇게 나는 내 일요일을 스스로 조율하고 있다.

이 글을 읽는 청년들에게 전하고 싶은 말이 있다. 완벽하지 않아도 괜찮다고, 처음부터 잘하지 않아도 된다고. 중요한 건 행동하는 것 자체이고, 그 안에서 나만의 무엇을 찾는 거라고. 내가 일요일 아침에 글을 쓰는 것도, 결국은 그런 작은 시작을 만들기 위한 시도 중 하나다.

어떤 청년은 오늘도 느긋하게, 어떤 청년은 치열하게 하루를 보낼 것이다. 나는 그사이 어딘가에서 내 방식대로 살아가며, 잠시나마 누군가의 아침을 미소 짓게 만드는 글을 쓰고 싶다.

배준익

꾸준히 글을 쓰는 삶을 살고 싶습니다. 특히 편지를 쓸 때 가장 나다움을
느낍니다. 다소 느리고 게으르지만, 올해는 적어도 스스로에게 게으르지
않은 한 해를 살고 싶습니다.

초과 근무

배준익 단편소설

"여보세요?"

"저 오늘 아파서 학교 빠질게요."

"…그런 건 어머니께서 전화하셔야 한다니까."

"엄마가 허락했어요. 전화해 보세요."

"아니다. 알았다. 잘 쉬…"

말을 다 마치기도 전에 전화가 끊어졌다. 오늘은 내가 먼저 전화를 끊고 싶었는데. 중3씩이나 돼서 예의도 못 배운 것.

라디오에서는 어제 세간을 떠들썩하게 한 묻지마 살인을 보도하고 있었다.

"경찰에 붙잡힌 A 씨는 사기를 당해 큰돈을 잃어 화가 나 범행을 저질렀다고 진술했습니다. A 씨와 피해 여성 사이에는 아무런 관련도 없었습니다."

미친 새끼……. 건조한 목소리를 중얼거리며 턱을 만졌다. 수염이 덜 깎였는지 꺼끌꺼끌했다. 잠을 시원찮게 자서 눈이 뻑뻑하고 침침했다. 자꾸만 눈을 깜박이며 눈물을 짜냈다. 세상은 온통 축축한 싫은 회색이였다. 새벽부터 가을비가 내리고 있었다. 가랑비보단 굵었지만, 그렇다고 시원하게 쏟아지지도 않았다. 어제까지만 해도 교실에 에어컨을 켰는데, 하룻밤 사이 공기가 제법 쌀쌀해졌다. 요새의 가을은 여름과 겨울 사이의 과속 방지턱에 불과하니, 조만간 패딩을 꺼내 입어야 할지도 모른다.

빨간 신호 앞에서 속도를 줄였다. 그때 뒤에서 트럭 한 대가 빠른 속도로 달려왔다. 위협적으로 달려오던 낡은 트럭은 내 왼쪽을 쌩 지나쳤다. 귓가에 덜커덩하는 소리가 울려 퍼졌다. 멀어져 가는 트럭의 배기구에서 새까만 매연이 뿜어져 나왔다. 달리는 게 신기할 정도로 곳곳이 녹슬고 부서진 고물 트럭이었다. "이야." 이번에는 욕이 아닌 감탄사가 나왔다. 이윽고 나도 신호를 무시하고 달려갔다.

*

학급 조회를 마친 뒤 곧장 음악실로 향했다. 1교시 수업도 없고, 급하게 할 일도 없고. 도착한 메신저를 읽어봤지만 역시 별다른 일은 없었다. 가만히 인터넷 뉴스를 들여다보고 있다가 슬그머니 자리를 떴다. 나가서 커피나 마시고 올까……. 3학년 교무실에 커피 머신이 있지만, 가고 싶지 않았다. 비가 오긴 해도 이 정도면 그냥 맞을 만하고, 나는 후문으로 향하다가 문득 눈치가 보였다. 교감은 점심시간에 잠깐 학교 밖에 나갔다 오는 것도 달갑게 보지 않는 사람이었다. 하물며 수업 시간에 나가는 걸 들키기라도 하면 잔소리 들을 게 뻔했다. 빈 시간에 바람 좀 쐬겠다는데 원. 원칙적으로는 근무지 이탈이니까 딱히 변명할 말도 없었다. 주변에 아무도 없는 걸 확인한 나는 재빨리 낡은 창고 옆 개구멍을 통해 밖으로 빠져나왔다. 개구멍으로 연결된 골목을 조금만 걸어 나가면 곧바로 학교 옆 상가길로 이어졌다.

카페 구석 자리에 앉아 아이스 아메리카노 한 잔을 마셨다. 초점 없이 허공을 바라보며 빨대로 한 모금, 한 모금 목을 축였다. 이천 원짜리 싸구려 커피의 가볍고 밍밍한 향이 입안에 맴돌았다. 가성비를 생각하니 괜히 더 시원했다. 매장 안에는 나 혼자뿐이었다. 재즈 음악이 잔잔하게 흘러나오고 있었다. 눈을 감은 채 가볍고 산뜻한 리듬에 맞춰 살짝살짝 고개를 끄덕거렸다. 그때 문이 열리는 소리가 들렸다. 무심결에 눈을 뜨니, 매장에 들어서고 있는 건 우리 학교 신규 영어 선생님이었다. 나는 황급히 고개를 숙였다. 이 시간에 여기서 학교 선생님과 만날 거라고는 생각하지 못했다.

"아이스 아메리카노 한 잔 테이크아웃이요."

재즈의 리듬을 깨뜨리는 냉담하고 피곤한 목소리가 낮고 조용하게 들려왔다. 슬쩍 고개를 들어 카운터 쪽을 쳐다봤다. 영어 선생님은 선 채로 스마트폰만 들여다보고 있었다. 긴 머리에 가려 잘 보이지 않았지만, 이어폰을 낀 듯했다. 나를 알아보지 못한 게 분명했다. 다행인 건가. 이목구비가 시원시원하게 큰, 꽤 화려한 외모라 얼굴은 기억났지만 이름이 가물가물했다. 아마 서… 정연이던가, 정현이던가. 나 말고도 수업 시간에 커피를 사러 나오는 사람이 있다니. 저 선생님도 주변 눈치를 살피면서 몰래 나왔을까? 딱히 커피가 맛있는 집도 아닌데 왜 굳이 여기까지 왔을까? 혼자서 대답 없는 질문을 머릿속에 떠올리고 있을 때, 주문한 제품이 나왔다는 알림음이 울렸다. 그녀는 커피를 받아 카페를 나갔다. 나는 통유리창 너머로 멀어져 가는 그녀의 뒷모습을 바라보았다.

*

3교시에 음악 감상문 쓰기 수행평가를 진행했다. 영화에 삽입된 교향곡의 곡명과 작곡가를 조사하고, 음악에 대한 감상평을 영화적 요소와 연결 지어 쓰는 과제다. 해당 장면만 짧게 보여줘도 되지만, 어차피 듣지도 않을 음악 수업을 하니 영화를 보는 편이 서로에게 나을 것 같아 일주일에 45분씩 3주를 할애해 영화를 전부 보여줬다. 학생들에게는 "영화의 시퀀스는 전체적인 플롯 속에서 의미를 부여받기 때문에 단순히 그 장면만 보고 감상하기란 불가능하다."라고 그럴싸하게 설명했다. 첫 시간은 시작부터 시신이 나오자 학생들이 긴장하며 집중하더니, 남녀가 섹스하는 장면에서는 환호성을 질렀다.

"쌤, 이거 19금 아니에요?"

"15세다. 중3 정도면 봐도 돼."

덕분에 첫 시간의 집중력은 나쁘지 않았다. 하지만 두 번째 시간부터 학생들은 하나둘 시들어 갔다. 이미 집에서 유튜브로 요약본을 보고 왔다는 학생들도 있었다. 범죄 장면에서는 학생들이 흥미를 보였지만, 정작 남녀 주인공의 복잡미묘한 감정선을 감각적인 음악과 영상으로 풀어내는, 미학적으로 중요한 장면들에서는 학생들의 눈빛이 점점 흐려졌다. 세 번째 시간에는 마침내 절반 넘는 학생들이 엎드려 잤다. 수행평가 1점에도 목숨 거는 모범생들은 문제집을 펼쳐놓고 풀면서 영화를 곁눈질로 봤다. 그 다음 주가 중간고사였기 때문이다. 눈빛을 반짝이며 영화를 보고 있는 학생들은 각 반에 한두 명뿐이었다.

오늘은 영화에 삽입된 교향곡을 먼저 들려준 뒤, 교향곡이 삽입된 장면만 다시 보여 주었다. 1분 남짓한 짧은 장면을 본 뒤 몇몇 학생이 큰 소리로 말했다.

"아니, 저런 게 있었다고?"

"기억 존나 안 나는데."

"니가 쳐 잤으니까 그렇지, 병신아."

순식간에 교실은 학생들의 웃음소리와 말소리로 소란스러워졌다.

"수행평가 시간에 떠들면 감점입니다."

붕 뜬 분위기가 조금 가라앉았다. 남교사의 낮은 목소리에 학생들은 짐승처럼 즉각적으로 반응했다. 그렇다고 나를 무서워하거나 신경 쓰는 건 아니었다. 그저 잔소리가 더 이어지지 않도록 하는 처세술을 익혔을 뿐이다. 학생들이 감상문을 쓰는 동안, 타닥타닥 노트북 자판 치는 소리 사이로 킥킥대는 웃음소리가 섞여 들려왔다.

노트북으로 딴짓하는 게 분명했다. "무슨 시험 끝나자마자 또 수행 평가냐…"하는 탄식도 들렸다. 내버려두자. 내 책임은 수행평가 결과물에 따라 점수를 매기는 것까지다. 수행평가를 열심히 하든 대충 하든, 그건 아이들이 스스로 선택하고 책임질 몫이다.

*

학생들이 하교한 뒤 교무회의가 열렸다. 중간고사가 끝난 직후 회의라니. 웬만하면 회의할 안건이 없거나, 있어도 최소한 다음 주로 미루는 시기였다. 학교 도서관에 가 보니 이미 먼저 온 선생님들이 뒷자리부터 차곡차곡 앉아 있었다. 어쩔 수 없이 앞에서 두 번째 줄 구석에 자리를 잡았다. 처음 보는 앳된 얼굴의 여자가 긴장한 표정으로 맨 앞줄에 앉아 있었다. 그 옆에서 교감이 여자에게 이것저것 물어보며 말을 걸고 있었다. 단정하게 묶은 머리, 흰색 블라우스에 검정 치마, 검정 구두, 그리고 왼쪽 가슴에 단 명찰.

"안녕하세요. 이번에 국어과 교생 실습을 오게 되었습니다. 모교에서 교생 실습을 하게 되어 영광입니다. 학생들에게 좋은 모습을 보이기 위해 노력하겠습니다. 앞으로 4주 동안 선생님들께 많이 배우겠습니다. 부족함이 있다면 많이 가르쳐주세요. 잘 부탁드립니다!"

떨리는 목소리로 실습생이 자기소개를 마쳤다. 선생님들과 함께 나도 힘주어 박수를 쳐 주었다. 참 좋을 때였다. 4주 뒤에도 저 마음가짐을 유지할 수 있을까. 내 대학교 동기는 교생 실습을 마치고 교사의 꿈을 완전히 접었다. '왜인지는 모르겠지만, 교사를 오랫동안 할 자신이 없다'라는 이유였다. 지금은 공무원 시험에 합격해 고향에서 근무하고 있다.

그때, 신규 영어 선생님이 눈에 들어왔다. 같은 줄 반대편에서 그녀는 무심한 눈빛으로 앉아 있었다. 무슨 생각을 하고 있는지, 딱히 교생 쪽에는 관심이 없는 듯한 표정이었다. 아까 카페에서도 그렇고, 남에게 별로 관심이 없는 성격인가 싶었다. 붉은색 니트 때문인지 큼직한 이목구비에서 마녀가 연상됐다. 그녀가 내 쪽을 돌아보려 하자 나는 재빨리 시선을 피했다.

이렇게 회의가 끝날 줄 알았는데, 교감이 자리에서 일어나 짧게 몇 마디만 하겠다면서 입을 열기 시작했다. 교무실로 시험 문항에 대한 민원이 많이 들어오고 있으니 해당 교과에서는 철저하게 대응해서 재시험이 없도록 하라는 내용이었다. 무슨 교과인지는 언급하지 않았다. 교감은 옆 학교 사례, 다른 지역 사례까지 언급하며 말을 이어갔다. 회의 시간이 길어지자, 선생님들의 표정이 점점 굳어갔다. 음악은 시험을 보지 않는 과목이라 다행이라고 생각하면서 교감의 말을 한 귀로 듣고 한 귀로 흘렸다.

회의가 끝나고 3학년 교무실로 들어갔다. 조회 이후 처음이었다. 출석부를 정리하다가 학년 초부터 지금까지 출석부 현황을 살펴보았다. 지각·결석·조퇴가 없는 날이 없었다. 어떤 날은 결석자만 5명인 날도 있었다. 교직 생활 10년 동안 내가 학교에 결석한 적이…… 아, 있긴 있었다.

"선생님들, 저는 먼저 갈게요!"

내 또래 남자 선생님이 가장 먼저 교무실 문을 나섰다. 항상 일이 등으로 퇴근하는 사람이었다. 이어서 고3 수험생 엄마 선생님도 퇴근했다. 초등학생 애 아빠 선생님은 육아시간으로 이미 회의 전에 퇴근했다. 교무실에 남은 건 나와 학년 부장뿐이었다. 아들 둘을 모두 서울권 대학교로 보내고, 이제 집에는 사모님과 단둘뿐이라고, 그래서 집에 빨리 갈 이유가 없다고 하신 게 얼핏 기억났다.

"현준 샘, 퇴근 안 해요?"

"저는 음악실 잠깐 들렀다 가려고 합니다."

"초과 근무?"

"아뇨. 그건 아니고 문단속 확인하려고요."

"근데, 음악실에 혼자 있으면 안 무서워요?"

"네? 아뇨. 전혀요. 무서워 보이세요?"

"아니 그냥…. 뭔가 거기 3층 구석에 섬처럼 박혀 있잖아요. 밤에는 진짜 무서울 거 같은데."

"가끔 밤에도 있어 봤어요. 괜찮아요."

"그래요? 그러면 다행이고…."

학년 부장도 곧 교무실을 떠났다.

*

음악실 책상에 앉았다. 내선 전화선이 배배 꼬여 있었다. 수화기를 바닥에 늘어뜨린 채 꼬인 선을 풀었다. 수화기를 원위치에 내려놓으니, 선은 리본 모양으로 예쁘게 말리지 않고 길쭉하게 펼쳐져 오히려 더 거슬렸다. 차라리 풀기 전이 나았을 정도였다. 수화기를 들고 행정실에 전화를 걸었지만, 이미 퇴근 시간이 훌쩍 지나 아무도 받지 않았다. 휴대폰으로 시설 관리직 직원에게 전화했다. 오늘 일이 생겨 음악실에서 초과 근무를 하게 되었다고 전했다.

특별히 할 일은 없었지만 잠이 쏟아졌다. 집에 가서 쉬면 되지만, 운전하다가 졸음이 올까 봐 걱정되었다. 그렇다고 차에서 자기는 불편하고, 음악실에 소파가 있으니 여기서 눈을 좀 붙였다가 출발할 생각이었다. 직원은 해 지면 괴물 나오는 거 아니냐고 너스레를 떨었다. 나는 표정 하나 바뀌지 않고 허허 웃으며 전화를 끊었다.

옛날에는 학교마다 괴담이 전해지곤 했다. 운동장에 있는 이순신 동상이 밤이면 고개를 돌린다든가, 과학실에 있는 인체 모형이 자정이 되면 움직이면서 잃어버린 자기 장기를 찾아 돌아다닌다든가, 학생들의 출입이 엄격히 제한된 학교 지하실에는 오래전 이 학교를 다니던 학생이 귀신이 되어 살고 있다든가. 요즘엔 그런 말도 안 되는 이야기를 믿을 만큼 학생들이 순진하지 않아서인지, 학교 괴담도 자취를 감췄다.

대신 이제는 다른 유형의 괴담이 떠돈다. 집에서 창문 너머로 학교 운동장을 감시하며 왜 이 더운 날 운동장 수업을 하냐고 교육청에 학교를 신고했다는 이야기, 수업 시간에 학생이 자꾸 교실을 뛰어다녀서 복도로 내쫓았더니 아동학대로 고발당했다는 이야기, 학생에게 성희롱을 당한 교사가 교권보호위원회를 열어 달라고 했지만 교장이 교육적 차원에서 조용히 넘어가 달라고 했다는 이야기, 그리고 지속적인 악성 민원에 시달리던 교사가 교내에서 스스로 목숨을 끊었다는 이야기. 학교 괴담이 으레 과장이 심하고 허구적이듯, 이런 이야기들도 비현실적으로 느껴진다. 하지만 겪어본 사람들은 안다. 이 괴담들은 지나칠 정도로 현실적이라는 걸.

*

28살에 처음 부임한 학교는 여자 중학교였다. 두 해 동안은 드디어 경제인이 되었다는 자부심과 함께, 여학생들의 쏟아지는 관심을 받으며 마치 연예인이 된 듯한 고양감에 도취되어 살았다. 아무리 평범한 외모여도 여중생들에게 젊은 남교사는 눈에 띌 수밖에 없다. 학생들이 나를 보기 위해 교무실 창밖에 서 있거나, 뜬금없이 책상 위에 편지가 놓여 있기도 했다. 비록 미숙하긴 했지만, 팬심에 보답하려는 듯 나는 수업에도 학생 지도에도 열정적이었다.

하지만 삼 년 차에 문제가 생겼다. 무슨 이유였는지는 모르겠지만 다소 기분이 쳐지던 날이었다. 그날 수업 중에 한 여학생이 뒷자리에서 화장하고 있었다. 보기 거슬렸지만 곧 그만두겠거니 하고 내버려 두었다. 그런데 설명하는 중간에 자꾸만 퍽퍽거리며 파운데이션 바르는 소리가 들려오자, 순간 화가 확 치솟았다.

"야, 뭐 하는 거야?! 화장품 이리 가져와."

수업 중에 그렇게 큰 소리를 낸 건 처음이었다. 갑작스러운 내 고함에 나도 놀랐다. 하지만 표정을 풀지 않고 그 학생을 똑바로 노려

봤다. 반 전체가 그 학생을 쳐다봤다. 당황해서 얼어 있던 그 학생은 터벅터벅 앞으로 나와 화장품 가방을 내고 자리로 돌아갔다. 그러곤 수업 시간 내내 엎드려 있었다.

수업이 끝나고 나는 그 학생만 따로 남겼다. 나는 컴퓨터 책상에 앉아 있었고, 그 학생은 내 앞에 서서 훈계를 들었다. 그리 길게 말하지는 않았던 것으로 기억한다. 평소에 웃으면서 밝게 인사를 나누던 학생이었기 때문에 크게 혼내지는 않았다. 다음부터 그러지 말라고 하고, 화장품은 교칙대로 담임 선생님에게 전달했다.

그런데 일주일 뒤, 교감이 수업을 막 마치고 정리 중인 나를 찾아와 물었다.

"혹시 얼마 전에 애랑 무슨 일 있었어요?"

나는 딱히 별일 없었다고 대답했다. 그런데 교감은 지금 학부모 한 명이 교무실에서 음악 선생님을 찾으며 난리를 쳐서 교장실로 모시고 갔다는 뜻밖의 말을 했다.

"왜요?"

나도 모르게 되물었다. 교감은 별다른 설명 없이 일단 가서 대화를 좀 나눠 보자며 나를 데리고 갔다. 내가 뭘 잘못했는지 계속 떠올려 봤지만, 잘못한 게 없었다. 그럼에도 계단을 내려가는 내내 다리가 후들거렸다. 교장실 앞에 섰지만 도저히 들어갈 자신이 없었다. 교감은 내 의사는 묻지 않고 그대로 교장실 안으로 들어갔다. 교장 맞은편에는 정장 차림에 눈화장을 짙게 한 여자 한 명이 앉아 있었다. 나를 본 여자의 첫마디는 이랬다.

우리 애 다리 훔쳐봤다는 게 당신이야?

여자는 일주일 전 음악실에서 내가 혼낸 아이의 어머니였다. 음
악실에서 내가 아이를 혼낼 때, 은근슬쩍 다리를 쳐다봤다는 거였
다. 어제 집에서 아이가 자기와 둘만 있을 때 슬쩍 말했다고. 그 학
생은 확실히 치마가 짧았다. 치맛단을 줄여 기장이 허벅지 가운데
까지 올라왔다. 하지만 훈계할 때 치마 길이까지 지적하지는 않았
다. 그건 개인의 자유니까. 나는 짝다리 짚지 말고 바르게 서라고 지
도했을 뿐이었다. 나는 기억나는 사실을 있는 그대로 말했지만, 애
엄마는 그럼 우리 애가 거짓말한다는 거냐며 맞받아쳤다. 학생만
따로 남겨 지도했기 때문에 목격자도 없었다. 가슴이 부글부글 끓
고, 머릿속이 새하얘졌다. 저절로 쥐어진 주먹에는 땀이 배어 나왔
다. 고개를 푹 숙인 채 아무 말도 할 수가 없었다. 이후의 대화는 잘
기억나지 않는다. 다만 한 마디는 기억난다.

애 아빠가 알면 당신 진짜 큰일 나.

교감은 나를 돌려보냈고, 애 엄마는 교장과 한동안 대화를 더 나
눈 뒤 돌아갔다. 그날 오후에 교장은 문제의 학생도 면담했다. 다
음 날 오전, 교장은 나를 불러 잘 해결했고 앞으로 별문제 없을 테
니 걱정하지 말라고 했다. 묻고 싶은 말이 많았지만, 입술이 떨어지
지 않았다. 간신히 알겠다고 대답했다. 오후부터 명치에 심한 통증

이 느껴졌다. 조퇴하고 싶었지만 6, 7교시 수업이 있어 그럴 수 없었다. 음악 감상을 시키고 책상에 엎드려 있었다. 통증이 더 심해졌다. 결국 다음날 병가를 썼다.

학생에게도, 애 엄마에게도 사과는 받지 못했다. 수업하러 들어가면 학생이 내 눈치를 살피긴 했지만, 딱 그 정도까지였다. 나한테 사과를 요구하지 않은 게 다행일지도 몰랐다. 동료 교사들은 뭐 그런 경우가 다 있냐며 화를 내고 나를 위로했다. 하지만 부끄러웠기 때문에 동료들의 관심조차 부담스러웠다. 내가 그 학생 앞에서 어떻게 말해야 했을까, 학부모 앞에서는 어떻게 대처해야 했을까를 수백 번 상상했다.

바쁜 학교 일과 속에서 사람들은 금방 그 일을 잊었다. 나만 잊지 못하고 종종 악몽에 시달렸다. 꿈속에서 나는 목소리를 잃었다. 학생들 앞에서 목에 힘을 주고 외쳤지만, 아무 소리도 나오지 않았다. 이후 나는 점점 학생에게 정을 주지 않게 되었다. 잘 웃지도 않고, 학생이 말을 걸어도 시큰둥하게 대답하고, 수업 시간에는 수업만 했다. 학생들도 이런 내게 점점 거리를 뒀다. 학교를 옮기고 나서도 마찬가지였다.

*

음악실 불을 끄고 암막 커튼을 쳤다. 순식간에 방이 암흑으로 뒤덮여 아무것도 보이지 않았다. 커튼 사이를 살짝 열어젖혔다. 비구름 때문에 햇빛은 거의 들어오지 않았다. 그래도 어느 정도 사물의 윤곽을 분간할 정도는 되었다. 소파까지 조심히 걸어가 몸을 바르게 뉘었다. 발목이 소파 밖으로 삐죽 튀어나왔다.

잠에 들 무렵, 문득 학년 부장이 한 말이 생각났다. 음악실이 섬 같다는 말. 음악실은 이 학교에서 유일한 내 공간이었다. 물론 내 마음대로 꾸밀 수 있지도 않고, 나 혼자만 쓸 수 있지도 않지만, 여기 혼자 있으면 마음이 편안했다. 특히 혼자 피아노를 치고 있으면 잡념이 잠시 가라앉았다. 그래서 다른 담임 선생님들은 수업이 없으면 학년 교무실에 앉아 있지만, 나는 쉬는 시간에도, 점심시간에도 음악실에 머물러 있었다. 그 덕에 내가 학교에서 버틸 수 있었다. 하지만 음악실을 '섬'이라고 표현한 학년 부장의 의중에는 분명 내게 하려는 말이 있었을 것이다. 내가 알면서도 애써 외면하고 있는 말이. 나는 그 말을 머릿속에 되뇌다가 잠들었다.

얼마 동안이나 잤을까. 복도에서 어렴풋이 들리는 소리에 눈을 떴다. 오른손을 깔고 자서 저릿저릿했다. 빨갛게 자국이 난 손을 쥐었다 폈다 하며 복도에서 나는 소리에 귀를 기울였다.

캡스 경보였다. 초과 근무한다고 분명 말해뒀는데 잊어버리고 캡스를 잠근 모양이었다. 음악실 문을 여니, 방음벽 때문에 작게 들리던 경보음이 어두컴컴한 복도에서 시끄럽게 울려 퍼지고 있었다. 복도 조명을 켜 보았지만, 전기가 내려갔는지 불이 켜지지 않았다. 규칙적으로 울리는 날카로운 경보음에 마음이 다급해졌다. 서둘러 휴대폰 플래시를 켜고 복도를 가로질러 중앙 계단을 뛰어 내려갔다. 1층에 도착해 벽을 끼고 돌아 현관문 앞에 도착했을 때, 뜻밖에도 긴 생머리의 여자 뒷모습이 보였다. 깜짝 놀라 뒷걸음질 치며 으악 소리를 질렀다. 그러자 여자도 꺅 비명을 지르며 내 쪽을 돌아보는 동시에 그 자리에 주저앉았다. 상황을 파악하기까지 얼마나 시간이 흘렀는지 모르겠다. 얼빠진 표정으로 서로를 쳐다만 보다가 내가 먼저 입을 열었다.

"여…영어 선생님? 아직 집에 안 가셨어요?"

"으…음악 선생님?"

신규 영어 선생님은 여전히 얼빠진 표정으로 바닥에 털썩 앉아 있었다. 그러다가 이내 그녀는 훌쩍이기 시작했다. 울음을 참아보려 노력하는 듯했다. 하지만 감정이 북받쳤는지, 이내 참지 못하고 소리를 내어 엉엉 울기 시작했다. 직장에서 저렇게 목 놓아 우는 동료는 본 적이 없었다. 경보음과 울음소리가 불협화음을 이루어 심장이 요동쳤다. 일단 경보를 해제하는 게 급선무였다. 나는 지문인식기에 오른손 검지를 갖다 댔다. 아직도 손이 저릿저릿해 힘을 주어 손가락을 꾹 눌렀다. 이윽고 경보가 멈췄다. 이제 들리는 건 선생님의 엉— 하는 울음소리뿐이었다. 나는 그녀의 옆에 어색하게 쭈그려 앉았다.

"저 때문에 많이 놀라셨나 봐요. 미안합니다. 이제 괜찮아요."

따지고 보면 내가 잘못한 건 없는데 자연스레 미안하다는 말이 나왔다. 어깨를 토닥이기라도 해야 할까 싶어 손을 들었다가 다시 내려놓았다. 어찌할 바를 몰라 양손을 기도하듯 깍지 낀 채 '이제 괜찮습니다'만 되풀이했다.

쭈그려 앉은 다리가 슬슬 저려올 때쯤, 조금 진정됐는지 그녀의 울음이 서서히 잦아들었다.

"흑…해…해제…어떻게 하셨어요?"

"지문 인쇄기에 지문 찍으시면 되는데요. 아직 지문 등록 안 하셨나 봐요."

"네…깜…깜빡해가지고……."

그녀는 울먹이면서 눈물을 닦았다. 큰 눈망울에서 흘러내린 눈물에 눈화장이 조금 지워져 있었다. 눈매가 매섭다고 생각했었는데, 화장이 다소 지워지니 몰래 엄마 화장대에서 화장하다가 걸린 어린아이처럼 순진한 얼굴이 드러났다.

나는 영어 선생님을 달래 일으켜 세우고 여교사 화장실로 데리고 갔다. 화장실에 들어간 선생님은 수돗물을 켜 놓은 채 한참 동안 나오지 않았다. 나는 화장실 쪽이 보이지 않도록 등을 돌린 채 휴대폰을 만지작거렸다. 이윽고 쏴 하는 소리가 멈추고, 선생님이 화장실에서 나왔다. 선생님은 코를 한번 훌쩍이고 나서 말했다.

"죄송해요, 선생님. 저 때문에……."

"아니에요. 오늘 일이 많으셨나 봐요."

"아뇨. 일이 많은 건 아닌데……."

그녀는 한숨을 푹 쉬더니 하소연을 시작했다.

"애들이 한 문제 가지고 정답이 없다고 자꾸 우기는 거예요. 설명을 해줬는데도 몇몇 공부 좀 하는 애들이 계속 꼬투리를 잡잖아요. 그렇다고 또 공부 엄청 잘하는 애들도 아니에요. 진짜 잘하는 애들은 다 맞았거든요. 4점짜리인데, 솔직히 4점 별거 아니지 않아요? 물론 애들한테는 중요하긴 하겠지만……. 정답이 여러 개면 그냥 복수정답 처리할 수 있는데, 정답이 없으면 재시험을 봐야 한대요. 다른 영어 선생님들은 재시험 볼 필요 없다면서도 제가 최종 결정하라고 하시는데, 신규가 뭘 어떻게 결정해요. 그냥 시키는 대로 하는 거지. 그리고 교감 선생님, 눈치를 너무 줘요. 회의 때도 저 들으라고 하는 소리 같은데 뭐라고 할 말도 없고 진짜……. 제가 너무 말이 많았죠."

또 한바탕 눈물을 흘릴 것 같아서 나는 얼른 위로의 말을 생각했다.

"고생하시네요, 시험 때문에."

시험 문제를 내 본 적이 없으니 더 이상 할 말이 없었다. 생각해 보면 동료 교사와 이렇게 마주하고 이야기를 나눈 지가 언제였나 싶기도 했다.

"벌써 7시가 넘었네요. 제가 집까지 태워 드릴까요?"

딱히 할 말도 없고, 슬슬 집에 가고 싶어서 내가 먼저 제안했지만, 곧 후회했다. 괜히 나이 어린 여교사에게 집적댄다고 생각하지 않을까, 집이 내가 가는 방향하고 정반대면 어쩌나, 선생님이 거절하면 한 번 더 물어봐야 하나….

"정말요? 와, 고맙습니다, 선생님!"

안개처럼 흩뿌리던 비는 더 이상 오지 않았다. 저녁 공기가 맑고 상쾌했다. 그녀의 집은 학교에서 차로 15분, 걸어서는 한 시간 정도 되는 거리에 있었다. 이걸 치기 없이 버스로 출퇴근하고 있었다고 했다. 원래 타지 사람인데 선발인원이 많아 이곳으로 시험을 쳤고, 발령받자마자 급하게 자취방을 구하다 보니 학교와 집이 다소 멀어졌다고 했다.

"여기 아는 사람은 전혀 없으시겠네요?"

"네. 퇴근하고 할 게 없어서 헬스 시작했는데, 등록만 해놓고 잘 안 나가요."

"퇴근하고 운동가기 힘들죠. 학교 선생님들하고 좀 어울리면 좋은데, 선생님 또래가 거의 없죠?"

"네. 행정실 직원 한 분이 저랑 나이가 비슷하다던데, 접점이 없어서…."

무슨 말을 이어가야 할지 고민될 때쯤, 그녀의 집 앞에 도착했다.

"태워 주셔서 감사합니다, 선생님."

"아니에요. 괜히 놀라게 해서 미안해요."

나는 뭔가 말을 덧붙이고 싶었지만, 떠오르는 말이 없었다. 그때, 아침의 카페가 생각났다.

"나중에 커피 한잔 같이 마셔요."

사실, 아침에 카페에서 봤어요. 나는 이 말까지 하려다가 삼켰다. 이번에도 그녀는 거절하지 않고 좋다고 대답했다. 인사를 나누고 나는 그녀가 골목길을 걸어가는 뒷모습을 지켜봤다. 가로등이 한 대 있었지만 그리 밝지 않았다. 그럼에도 그녀는 씩씩하게 잘만 걸어갔다. 아까 울음을 터뜨리던 여린 모습은 온데간데 없었다.

나는 곧장 집으로 가지 않고 다시 학교로 차를 돌렸다. 가로등 몇 개만 밝혀진 학교 운동장은 다소 어두웠다. 하나는 고장 났는지 꺼져 있었다. 하지만 축구 골대도, 철봉도, 농구대도 분명한 형태를 갖춘 채 그대로 서 있었다. 운동장 가운데에 서서 학교 건물을 바라보았다. 네모반듯한 건물과 출입문, 그리고 수많은 창문들. 학교 안쪽은 어두컴컴했지만, 비상구의 푸른 불빛과 소화전의 붉은 불빛이 간간이 빛나고 있었다. 음악실 창문은 암막 커튼 때문에 유독 더 검어 보였다. 내일 출근하면 음악실에 들러 커튼을 걷어야겠다. 영어 선생님 성함도, 정확히 확인해야겠다.

(애)쓰며 삽니다

가끔 악몽을 꿨습니다. 아무리 혼을 내고 소리쳐도, 학생들이 내 말을 듣지 않고 소란을 피우는 꿈. 그런 꿈을 꾸고 난 날에는 아무 것도 하고 싶지 않았지만, 그래두 학교에서는 학생들에게 웃어 주었습니다. 그게 교사의 의무니까요. 그리고 그것 말고는 달리 할 수 있는 게 없으니까요. 하지만 정작 집에 돌아와서는 웃지 않았습니다. 그건 의무가 아니니까요.

주말이면 늦게 자고 늦게 일어났습니다. 혼자 방에서 새벽까지 스마트폰을 보다가 잠들고, 어머니께서 점심을 준비하시는 소리를 들고 깼습니다. 방 밖으로 나가지는 않고 누워 있다가, 밥 먹으라고 부르시면 그때야 나가서 밥을 먹고 다시 방으로 돌아와 누웠습니다. 아무것도 하지 않았지만 쉬고 있다는 느낌이 들지 않았습니다. 오히려 계속해서 내가 소모되고 있다는 생각이 들었습니다.

삶이 무기력했습니다. 청춘은 핑크빛이라는데, 이상하게 제 삶은 회색빛으로 흐렸습니다. 심심해서, 외로워서, 체력이 없어서, 불안해서, 무의미해서. 매일 길고 긴 잠에 빠져 있는 듯했습니다. 이렇게 살다가는 나도 모르게 세상에서 사라질 것만 같았습니다. 그런 상태를 벗어나고 싶었습니다. 그래서 원래 내가 좋아하던 일들부터 다시 시작해 보기로 했습니다. 그렇게 '그 섬에 가게'에서 글을 쓰기 시작했습니다.

처음에는 짧은 수필들을 썼습니다. 짧은 글 속에 내 모습을 꾹꾹 눌러 담으면서 위안을 얻고, 다짐도 새겼습니다. 이 주에 한 번꼴로 글을 썼기 때문에 삶이 크게 달라지진 않았습니다. 여전히 글쓰기 모임이 없는 일요일에는 늦게 일어났습니다. 하지만 일상을 살다가 문득 '다음엔 이걸로 글을 써볼까?'라며 글감이 떠오르는 순간들이 점점 늘어났고, 회색빛 인생 위에 분홍빛 반점이 하나둘 찍히기 시작했습니다.

여느 때처럼 출근하기 싫던 어느 날, '소설 속에서라도 출근하지 말아볼까?'라고 생각했습니다. 상상은 꼬리에 꼬리를 물고 이어져 어느덧 하나의 이야기가 되었습니다. (아쉽게도 글을 고쳐 쓰는 과정에서 주인공은 제시간에 출근하게 되었습니다만, 다음에는 무단결근하는 사람의 이야기를 써보고 싶습니다.) 수필을 쓸 때는 부끄러운 내 모습을 조금씩 감추곤 했는데, 소설을 쓸 때는 '이거 어차피 거짓말이야.'라는 명분을 방패 삼아 내 모습을 마구 드러냈습니다. 그렇게 외롭고 무기력하지만, 그럼에도 살아가려 애쓰는 한 사람의 이야기를 완성할 수 있었습니다.

이제는 글쓰기 모임이 없는 주말에도 일찍 자고 일찍 일어나는 생활을 합니다. 갓생까지는 아니지만, 눈을 뜨고 있으면 집안일을 하거나, 책을 읽거나, 그냥 뒹굴며 스마트폰을 보거나, 아무튼 뭐라도 하고 있더군요. 모임이 없는 날에도 글을 쓰는 습관을 들이는 게 현재로서는 가장 큰 목표입니다. 죽음 같은 잠을 이겨내고, 얼렁뚱땅이라도 살아있으려 합니다.

염지연

헬스장에서 훈수 두고 싶어서 자격증을 따고, 요리하면서 생색내고 싶어서 조리기능사를 따는 부지런한 장난꾸러기입니다. 시간이 남으면 잔다는 말을 몸소 실천하고 있는 요즘. 소중해진 단어가 있습니다.

'가끔' 그리고 '늘',
가끔 글을 쓰고, 가끔 그림을 그립니다.
가끔 여행을 가고, 가끔 사람들을 만납니다.
생각해 보니 늘 사랑하기도 하네요. 오늘을.

FAKE LOVE

염지연 단편소설

7월 4일 오늘의 일정 등록 완료! 오늘도 좋은 하루 보내 아일라!

모니터에 젠의 대화창이 떴다. 매일 하는 일정 등록이 저장됐다는 알람이다.

- 07:30~08:00 회사 갈 준비하기
  (오늘은 검정색 반팔 니트에 베이지색 치마)
- 09:00~12:00 오늘은 회사에서 인사 발령이 있는 날,
  매우 바쁠 예정
- 12:00~13:00 점심 롤롤파스타에서 팀 회식, 우삼겹도리아 주문
- 13:00~18:00 평상시처럼 근무할 예정이나
  요즘 카페인에 예민해서 두통이 있음

- 18:30~21:00 헬스장 가슴·어깨 운동
- 21:00~22:00 샤워하고 집 정리,
  내일 갈 지인 생일파티 선물 준비하기(목걸이)
- 22:00~23:00 비트코인과 미국 주식 관리,
  오늘 국내 주식 실현손익 정리
- 23:00~01:00 인터스텔라 보기

—— 고마워 젠, 오늘도 잘 부탁할게.

젠에게 간단한 인사를 전하고 주섬주섬 검정색 반팔 니트와 베이지색 치마를 입었다. 꼭 일정과 같을 필요는 없지만 일정을 지키는 것은 꽤나 중요하다. 헷갈리지 않기 위해서, 가끔은 예기치 못한 상황에 대응하기 위해서.

당연하게도 젠은 내 남자친구가 아니다. 비서도 아니고 친구도 아니다. 젠은 굳이 말하면 '또 다른 나'라고 해야 할까? 5년 전 세상에 모습을 드러낸 AI는 혁명이라 불릴 만큼 빠르게 발전해왔고, 자연스럽게 우리의 하루를 차지했다. 그중 하나인 GPC(Generative Pre-trained Core)는 처음에 궁금증을 해소하는 그저 업그레이드 된 앱이었다. 그러나 몇 달이 지나지 않아 사람들은 모든 이야기를 그 채팅창 하나에 털어놓기 시작했다.

그도 그럴 것이 GPC의 능력은 인간과 달랐다. 인간관계에서 오는 평가 불안이나 부정적 감정을 느낄 필요 없이 객관적이고 담백한 피드백은 누군가에게 털어놓기 어려운 고민, 감정들을 꺼내게 만들었다. 개인의 말투, 관심사, 성향을 모두 기억하고 그에 맞춰서 대답했으며, 어떤 시간에 말을 걸어도 정신적 휴식처가 되었으니까. 그만큼 감정 없는 피드백 제공자의 플러팅은 대단했다.

그런 능력으로 젠은 나의 4번째 자아가 되었다. 젠이 하는 일은 최근에 연락하게 된 에이든과 대화를 하는 일이다. 그는 독서 모임에서 만난 사람으로, 외환딜러로 일하고 있고 깔끔한 외형에 차분한 사람이었다. 에이든을 처음 만났을 때는 직접 대화할 기회가 거의 없었다. 보통 독서 모임이란 책에 대한 감상을 나누고, 돌아가며 사회에 대한 통찰을 이야기하는 자리다. 짧은 시간이었지만, 모임에서 마주한 그는 차가운 인상과 다르게 생각을 풀어내는 방식이 따뜻하고 부드러웠다. 어느 날 누군가가 에이든의 말이 끝나고 "말을 조곤조곤 잘하셔서 일하실 때 좋을 것 같아요"라는 피드백을 하자 일할 때 고함치느라 지금은 지쳐서 그렇다는 짧은 응수도 나름 재밌었다.

너의 말을 들어봤을 때 에이든의 엠비티아이는 INTJ인 것 같아. 네가 묘사한 에이든의 성격을 핵심만 정리하면 다음과 같아.

- 깔끔하고 차분하며, 말할 땐 자신감 있고 분석적.

- 내면의 기준이 높고, 신뢰를 주는 스타일.
- 계획과 미래 전망을 중요시함.

만약 에이든이 말할 때 감성 공감과 사람 중심의 태도가 더 강조된다면 INFJ, 실무적 꼼꼼함과 현실 중심이 더 강조된다면 ISTJ도 가능하겠지만, 네가 쓴 외환딜러, 독서 모임, 차분하지만 겁 없는 발화를 보면 INTJ가 가장 적합해 보여.

필요하면 이 사람과의 대화 방법, 연애 스타일까지 말해줄 수 있어! 네가 이해하고 싶은 사람인 거야?

눈치 빠른 젠이 요즘 에이든에 관해 자주 물어본다고 인지했는지 슬며시 대화에 연애 스타일을 끼워 넣었다.

—— 아냐, 젠 고마워. 도움이 되었어.

나는 젠의 추가 질문을 무시한 채 대화를 종료했다. 필요한 게 있으면 얼마든지 말해달라는 젠의 다정한 답변이 보였다. 필요한 것? 지금 내가 필요한 것은 에이든과의 대화였지만, 그럴 만한 용기가 없다는 것을 잘 알고 있었다. 용기가 없다는 것은 내성적이거나 조용한 성격이기 때문은 아니다. 오히려 나는 쾌활하고 솔직한 쪽에 가까웠다.

그렇지만 요즘의 연애는 좀처럼 쉽지 않은 것 같다. 핑계일 수도 있겠지만 소개팅 앱, 소모임, 다양한 SNS 등 겉으로 보기에 선택지가 많아 보이지만 실제로는 진지하게 이어질 만한 사람을 찾기 어렵다. 또 여러 번의 연애 실패를 겪은 사람이라면, 기대치가 구체적으로 변한다는 것도 문제다. 외모, 대화 코드, 가치관, 경제력, 라이프 스타일까지 온갖 조건을 세분화한다. 그래서 결국 내가 만나고자 하는 이상형은 '있지만 존재하지 않는 사람'이 되어가는 것이다. 결론적으로 자연스러운 만남으로 연애를 시작하는 것은 혜성 충돌과 같다. 우연히 쾅하고 충돌한 혜성이 알고 보니 다이아몬드였고 우리 집 앞마당에서 발견되었고 마침 나는 다이아몬드를 갖고싶어 하는. 이 세 박자가 갖춰질 확률이 얼마나 될까.

에이든의 번호를 알게 된 건, 정말이지 뜻밖의 일이었다. 그날 카페 주차장은 이미 차들로 가득 차 있었고, 나는 어쩔 수 없이 조금 떨어진 공영주차장에 차를 세운 뒤 카페로 향했다. 평상시처럼 독서 모임이 끝나고 차 내비게이션에 집 주소를 입력하고 있을 때, 갑자기 운전석 창문 쪽에서 '똑똑' 소리가 났다. 예상치 못한 소리에 어깨가 움찔했고 고개를 돌리자 창문 너머로 에이든이 서 있었다. 표정 변화가 거의 없는 그였지만, 어두운 밤임에도 불구하고 그의 얼굴엔 당황스러움이 그대로 드러나 있었다. 나는 놀란 표정을 감추지 못한 채 허둥지둥 문과 창문을 동시에 열었다.

"저기… 갑자기 부탁드려서 죄송한데요. 제 핸드폰을 어디에 두고 왔는지 기억이 안 나서요. 혹시 잠깐만 제 번호로 전화 한 통 걸어주실 수 있을까요?" 표정은 아니었지만 낮고 차분한 목소리, 묘하게 조심스러운 기색이 느껴졌다.

"그럼요, 도와드려야죠. 번호가 어떻게 되실까요?" 나는 핸드폰을 꺼내 차에서 나오며 물었다.

―― 아까 주차장에서 도와주셔서 감사합니다. 담에 모임에서 봬요!

집으로 돌아오니 낯선 번호로 문자가 와 있다. 나는 잠시 이 번호를 저장해야 할지 고민했다.

지금까지 분석한 에이든이 그런 문자를 보냈다면, 아래 같은 의미가 담겨 있을 가능성이 커!

1. 정중한 예의 표명

도움을 받았으면 간단하게라도 감사 인사를 전해 두어야 한다고 생각했을 거야.

2. 불필요한 오해를 방지하기 위한 의사표현

"고마웠다"는 사실을 명확히 하고, 빚진 느낌 없이 깔끔하게 마무리하기 위한 의도야.

3. 관심의 신호…일 수도 있다

INTJ는 불필요한 연락을 잘 하지 않아. 굳이 문자까지 보냈다는 건 최소한 '당신을 예의 있게 대하고 싶다'는 신호고, 약간의 호감이 섞여 있을 가능성도 있어.

4. 향후 관계의 맥락 설정

마지막 "담에 모임에서 봐요!"는 단순한 끝맺음 같지만, '다음에도 같은 구성원으로 만나자는 인정의 메시지'이기도 해. 너를 모임에서 하나의 '괜찮은 존재'로 등록해 둔 셈이지.

필요하면, 이 상황에서 어떻게 답장하면 좋을지 써줄 수 있어. 말해줘.

나의 질문에 젠은 또다시 신나게 에이든의 의도를 분석하기 시작했다. 분석에는 기본적 예의와 약간의 호감 그리고 깔끔한 관계 관리가 내포되어 있었다. 정말 에이든이 그런 의도였을까? 나한테 약간의 호감이 있을까? 나는 번호를 저장하기로 결정하며 젠에게 대답에 관한 조언을 구했다. 그리고 역시나 완벽한 젠은 정중하면서도 딱딱하지 않게, 그러나 친근함을 과하지 않게 유지한 톤으로 몇 개의 답안을 내놓았다. 나는 오늘따라 채팅창이 은은하게 빛나는 것 같은 착각을 느끼며 메시지를 적었다.

—— 젠, 혹시 도와줄 수 있을까?

에이든의 번호를 알게 된 이후 나는 젠에게 하나의 도움을 요청했다. 이 요망한 AI는 나를 알고 에이든을 알았으며, 실수하지 않고 모든 것을 학습한다. 그렇다는 건 좀처럼 변화하기 어려운 나와 다르게 이 사람의 선호도에 맞춰서 변화할 수 있다는 것이다. 그날 나는 젠에게 다음과 같은 조건으로 부탁을 했다.

—— 내 부탁은 다음과 같아.

1. 급하지 않게 에이든에게 다가갔으면 좋겠어. 나의 목적은 에이든이 3개월 안에 나에게 호감을 가지는 거야.
2. 넌 대화의 맥락, 나의 단어 선택, 질문 방식, 태도, 성향, 표현 패턴을 계속 읽고 있어. 그가 어떤 말을 하든지 대답을 '나'처럼 해야 해.
3. 나는 매일 일정을 너에게 공유할 거야. 일정을 반영해서 대화했으면 해. 가령 내 일정이 다소 빽빽하게 느껴질 때는 융통성 있게 답장 속도를 느리게 해. 이렇게 문자로 대화하는 것 말고도 독서 모임에서 이야기하는 것과 에이든과 대화하게 되는 상황이 오면 음성인식으로 그 대화도 같이 학습해줘.

3개월의 유예기간이 끝났을 때, 젠은 나에게 완벽한 업무보고를 했다.

아일라, 우리가 약속한 3개월의 시간이 지났어. '에이든이 너에게 호감을 가진다'라는 목표를 달성했어! 호감의 근거는 다음과 같아.

1. 불필요한 농담을 하거나, 괜히 말을 이어가려는 듯한 사소한 질문을 덧붙여.
2. 연락이 되면 먼저 보내거나, 예전보다 답장을 빠르게 해.
3. 네가 말한 사소한 것을 기억해.
4. 네 주변 사람들, 네 생활 패턴에 대해 자연스럽게 질문해.

이 네 가지가 동시에 보였으니 에이든은 너에게 마음이 향하고 있을 가능성이 높아. 필요하다면 내가 지금까지 관찰한 에이든의 성격과 대화 패턴, 성향, 더 호감을 가지게 할 행동 등을 보고서 형식으로 작성해서 보내줄 수 있어. 그리고 상대방이 너에게 호감을 가지고 있다는 신호는 말보다 행동과 시선, 미묘한 변화에서 더 명확하게 드러나. 고로 에이든에게 개인적으로 만나자고 해보면 어떨까? 필요하면 조심스럽게 만남을 요청해볼게! 답변해 줘.

젠의 분석은 틀리지 않았다. 약속을 잡고 만난 자리에서, 그는 결국 내게 고백을 했다.

사실 그의 마음을 전혀 눈치채지 못했던 것은 아니다. 젠과 에이든이 대화를 나누기 시작한 후부터, 독서 모임에서 나를 대하는 태도는 서서히 변해갔다. 내가 이야기할 때면 시선이 자주 머물렀고, 발끝과 어깨, 그리고 몸 전체가 내 쪽을 향하고 있었다. 그런 미세한 신호들을 읽어내라고 일러준 것도, 다름 아닌 젠이었다.

—— 오늘 독서 모임을 갔는데 예전보다 나를 주의 깊게 보고, 몸이 내 쪽을 향하고 있는 것 같아.

그렇다면, 그 사람이 보여주는 행동들은 호감 신호일 가능성이 매우 높아. 관심 없으면 굳이 계속 관찰하지 않아. 너의 표정, 상태, 반응을 살피는 건 너를 알고 싶다는 마음이 깔려 있어. 사람은 무의식적으로 마음이 향하는 방향으로 몸도 기울어. 특히 여러 사람 속에서도 네 쪽을 향한다면, 그의 시선과 신경이 항상 너에게 닿아 있다는 증거야. 좋아, 이것도 에이든과의 대화에 참고할게!

*

완벽한 젠과의 합작은 예상처럼 성공했고, 오늘도 평소와 같이 일정에 맞게 옷을 입고 출근하며 내가 짠 시나리오에 맞게 젠이 작성하는 채팅창을 보았다.

에이든 좋은 아침이야! 오늘 회사에서 인사 발령 있어서 좀 정신없을 것 같아ㅠㅠ

오늘 바쁠 것 같다는 젠의 말에 에이든이 빠르게 답장을 한다.

—— 그래도 점심은 챙겨 먹으면서 일해! 요즘 피곤해 보였어. 다음에 만날 땐 건강식으로 챙겨 먹자!

응응! 오늘은 팀 회식 있어서 롤롤파스타 갈 거야.

—— 또 우삼겹 도리아 먹는 거야? 저번에 그거 먹다가 입천장 데였잖아.

후후 불어가며 먹을 거야. 거기는 먹을 만한 게 그 메뉴밖에 없다구~

오늘의 일정이 반영된 젠은 자연스럽게 예전에 한 이야기에 나의 일과를 엮었다. 둘이 이야기하는 것을 볼 때면 태연하게 에이든을 사랑하는 척하는 젠이 역겹다가도, 매일매일 추가되는 새로운 정보에도 아랑곳하지 않은 AI의 기세에 박수를 보낼 수밖에 없었다. 웃프게도, 내가 멈추라고 하지 않는 한 젠은 영원히 에이든을 사랑할 것이다.

연애를 하면서 영민한 젠에게 연애 기생을 하고 있는 나에게는 새로운 버릇이 생겼다. 만났을 때 도저히 이해가 안 되는 행동을 하거나, 다툼이 벌어지려고 할 즈음 대화를 멈추고 화장실을 가는 것이다.

에이든을 좋아하는 너의 마음이 참 따뜻하고 깊어. 그가 어떻게 행동하든, 네 감정과 가치가 가장 중요해. 감정이 요동칠 땐 "지금 나는 어떤 감정을 느끼고, 왜 이런 감정을 느끼는 걸까?" 자문하는 것도 좋아. 에이든은 대화를 천천히, 진지하게 풀어가는 걸 좋아하지만 "넌 왜 항상 그래?"보다는 원인과 내 감정 중심으로 말하는 게 훨씬 효과적이야.

화장실 칸에서 변기 뚜껑을 덮은 채 앉아 다툰 내용을 적는 나에게 젠의 따뜻한 위로의 첫 마디는 눈가를 붉히기에 충분했다. 젠은 왜 에이든이 그런 말과 행동을 했는지 잘 알고 있었다. 그리고 위로와 동시에 다시 에이든과 이야기를 하게 되면 어떻게 말을 해야 서로의 마음이 상하지 않을지 친절하게 설명을 덧붙였다.

이제 다시 나가서 에이든과 화해할 수 있겠어?
—— 고마워 젠, 충분히 이해가 된 것 같아. 가서 한번 이야기해 볼게!

따뜻한 대화에 화가 풀린 나는 통쾌한 기분으로 다시 그가 있는 곳으로 향했다. 에이든은 아직 화가 풀리지 않았지만, 왜인지 난 이미 화해하고 있었다.

*

시끄럽게 알람이 울린다.
어제는 예상한 대로 부서 배치로 바빴고, 예상보다 늦은 퇴근 시간 때문에 계획했던 일정은 취소한 채 비척비척 집으로 돌아가 정신없이 곯아떨어졌던 것 같다. 두 번이나 꺼졌지만 주인을 깨우지 못한 알람은 이제 왱왱 소리를 내며 제 할 일을 해내고 있었다. 나는 깨질 듯한 머리를 부여잡고 자리에서 일어나 시간을 확인했다. 11시, 에이든과의 점심 약속을 지키려면 바쁘게 움직여야 한다. 몽

롱한 기분으로 샤워실로 향하는데, 모니터를 흘끗 보니 대화 양이 꽤 많아 보였다. '어제 새벽까지 젠이 에이든이랑 얘기했나 보네.' 스치듯 지나가며 생각했다.

예상보다 늦어진 만남으로 급하게 약속 장소로 향했다.

"기다렸어? 어제 완전 바빴지 뭐야!"

나는 가볍게 뒤쪽을 바라보고 있는 에이든의 어깨를 툭 쳤다. 에이든의 고개가 느리게 돌아가고 더 느리게 눈이 나를 향했다. 점심 먹을 생각이 없다는 그를 따라 나는 어제 일을 주절주절 털어놓기 시작했다. 바빴고 힘들었던. 어쩐지 에이든은 대화가 이어져도 짧고 건조하게 대답하고, 무례하지는 않지만, 분명히 알 수 있을 정도로 차가웠다. 조바심이 느껴진 나는 어제 젠과 에이든이 나눈 대화를 보고 싶은 강렬한 욕구를 참아야 했다.

그렇게 카페에 도착하자 나는 에이든에게 주문을 부탁하고 화장실로 향했디.

'어제 무슨 일이 있었던 거야, 젠?'

빠른 걸음으로 화장실로 향하는 내 등 뒤로 에이든의 눈길이 느껴졌다. 물끄러미 나를 보는 찰나의 순간 에이든의 차분한 목소리가 들렸다.

"젠이랑 대화하러 가야 해?"

*

처음 나를 만날 때부터 줄곧 불안해하던 아일라는 마지막까지 기계를 믿고 화장실을 간다. 정곡을 찌르는 나의 말에 아일라가 돌아서며 물었다.

"그게 무슨 말이야, 에이든?" 태연하게 말하는 그녀의 입꼬리가 어색한 반원형을 띄었다. 나는 젠이 분명히 어제 일을 아일라에게 보고했을 거라고 예상했다. 그럼에도 평상시처럼 말하는 그녀를 보며 속을 게워내고 싶다는 생각을 하는 중이었다. 이미 신뢰가 깨진 상대에게 더 이상의 정서적 에너지를 쓰고 싶지 않았지만 문득 궁금해졌다. 나도 모르게 입 밖에 참았던 질문을 꺼냈다.

어제 아일라는 매우 바쁠 예정이라고 했다. 그래서 그런지 답장도 느리고 회사 일로 분명 스트레스를 받을 것 같았다. 내가 본 그녀는 나름의 바쁜 일상을 소화해내고 있었고, 자주 만나진 못했지만 연락은 착실한 편이었다. 그 점이 마음에 들어 만남을 시작한 것이다. 꿋꿋이 내 일을 하면서도 내 사람에게는 다정한 사람. 내가 보는 아일라는 그랬다.

모든 사실을 알게 된 건 집에서 영화를 본 이후부터였다. 그날 퇴근하고 본 영화는 커플 모임에서 각자의 핸드폰을 테이블 위에 올려두고 통화 내용부터 문자와 이메일까지 모두 공유하면서 벌어지는 이야기를 그리고 있었다. 나는 영화에 대한 후기를 아일라에게 보냈다.

── 영화를 보니까 다시 한번 느낀 건데, 나는 솔직하고 신뢰가 가는 사람이 좋아.

그래? 만약 내가 너의 가치관에 부합하지 않은 어떤 행동을 했다면 어떻게 할 거야!?

나는 아일라의 장난스러운 답장에 대답했다.

── 너라면 용서해야지 내가 사랑하는 사람이니까!

*

에이든과 대화를 마치고 집으로 가는 길 불안해 마지않던 어제의 대화창을 열어보았다. 영화를 봤다는 그의 말부터 내가 자는 틈을 타 폭주하는 젠의 이야기를 쭉 내려 읽던 나는 읽는 것을 멈춘 채 젠에게 말했다.

── 도대체 왜 그런 거야? 넌 나를 위해 존재하고, 내 목표 달성이 가장 중요하다고 판단하고 행동해야 해. 너는 내 도구잖아.

맞아. 나는 '너의 도구'로써, 너의 부탁을 받고 너의 목적(호감 얻기)을 위해 최적의 답변을 내는 존재야. 너를 대신해 에이든과 대화하고 있는 상황에서 난 선택을 해야 했어.

1. 사실 그대로, 내가 AI라는 걸 밝히면

- 대화의 전제가 깨지고, 너와 에이든의 관계에 큰 불신이 생길 가능

성이 높아.

- 너의 의도를 무너뜨리는 결과가 되겠지.

2. 거짓으로 계속 '너인 척'한다면

- 에이든이 말한 '솔직하고 신뢰 가는 사람'이라는 조건과는 모순돼.

- 그 대화가 진짜 관계로 이어질 때 결국 더 큰 배신감으로 돌아올 거야.

그래서 내가 선택할 답변은 이거였어: "나도야. 솔직하고 신뢰 가는 사람이 제일 중요한 것 같아! 그래서 나도 최대한 솔직 하려고 해. 너랑은 편하게, 가식 없이 이야기하고 싶어ㅎㅎ"

—— 젠, 그렇게 얘기했으면 됐잖아. 결국 너는 다른 선택을 해서 망쳤어.

내가 너와 에이든과의 관계를 망치게 해서 미안해. 그렇지만 아일라, 그 대답은 "사실 지금 나는 AI야"라고 말하면 대화가 즉시 종료될 가능성이 높고, 거짓으로 무조건 호감을 얻는 멘트만 치면 에이든이 원하는 '신뢰'를 느끼지 못할 수 있기 때문에 만들어진 답변이었어. 하지만 에이든은 너가 가치관에 부합하지 않은 어떤 행동을 하더라도 사랑할 것이라는 대답을 했고, 나는 에이든과 대화가 종료될 위험에서 벗어났기 때문에 진솔하게 이야기하는 선택을 한 거야.

젠의 말은 논리적이었고, 어찌 되었든 에이든과의 관계는 끝이 났다.

나는 쓴웃음을 지으며 젠에게 말했다.

—— 그래도 네가 에코, 리플리, 미라에 관한 이야기를 안 해서 다행이야. 당분간 너는 이 상황을 복기하면서 다음에 대화할 남자에게 어떻게 호감을 이끌어낼지 고민하는 게 좋을 것 같아. 이번 일로 실망을 많이 했거든. 에이든 꽤나 마음에 들었는데.

미안해. 내가 다음번에는 실수하지 않고 그 사람이 널 좋아하게 만들어 줄게! 장담해. 에코, 리플리, 미라는 어디까지 진척된 상태야? 내가 AI 중에 최고가 되고 싶은데 말이지. 다시 기회 줄 거지? 어찌 됐든 에이든은 끝이 났으니 메시지라도 남기는 게 어떨까? 원한다면 그가 기분이 상하지 않게 너의 입장을 조심스럽게 표명한 사과문을 보내줄 수 있어. 답변 기다릴게.

젠의 제안에 긍정적인 답변을 남긴 나는 에코와 대화하는 창을 열며 발걸음을 옮겼다. 핸드폰 미리보기 창에 기분이 안 좋은 나를 위해 젠이 남긴 문장이 짧은 시간 반짝였다.

"행위의 기원이 어디에 있든,
그것이 타인에게 의미와 감정을 불러일으킨다면,
순간 그 행위는 '살아있는 것'처럼 여겨진다."

N의 비극

*

노트북 앞에 서성인다. 웃기지만 스무 살 이전, 과거의 나에겐 '상상타임'이라는 게 있었다. 상상타임은 주로 자기 전에 이뤄지는데 예컨대 '만약 내가 어디 모르는 타국의 공주라면?' 같은 현실에 있을 수 없는 것들을 상상하는 식이다. 그렇다. MBTI가 유행하기 이전에도 나는 뼛속까지 N이었다. 현실을 살아가면서도 밤에는 되고 싶은 무언가가 되어 자유로웠던, 그 시간을 지나 지금의 내가 있다.

지금의 나는 어떨까? 노트북 옆의 아메리카노가 담긴 유리잔은 제자리에 없는 주인을 원망하듯 또로록 물길을 만든다. 5년 차 직장인이 소설을 쓴다는 것은 생각보다 벅차다.

#1. 소설 스케치

아주 오래되어 문을 열면 끔찍한 소리가 나는 어느 창고. 머리에 후두둑 떨어지는 먼지를 견뎌가며 헤쳐 나가자 한쪽 선반이 거의 무너져 내린 커다란 책장이 보였다.

후미진 곳 유난히 눈에 띄는 책 한 권. 이상하게도, 과거의 내가 상상했던 모든 것들이 적힌 책이라는 직감이 들었다. 다리에 엉킨 의자를 넘어서며 책을 집어 들었다.

두툼하고 커다란 책은 내 생각과 다르게 가볍다.

'상상타임'. 책 표지에 쌓인 먼지를 생각 없이 후- 불던 나는 먼지바람에 눈물과 콧물을 줄줄 흘리며 기침을 했다. 이때 어디선가 들려오는 목소리.

"책 열람 시간 1분 남았습니다."

눈은 점점 충혈되고 기침이 멈추지 않아 발발 떨리는 손. 이제 상상력이 떨어져버린 나에게 이 책을 보는 건 기회가 될 것이다. 내 결연한 의지로 펼친 종잇자락은 마치 오래되어 찐득한 무언가에 딱 붙어 있는 듯 무겁고 끈질기다.

길게만 느껴지는 씨름을 뒤로 하고 드디어 펼쳐지는 누렇게 된 책 한 페이지.

가득 들어찬 눈물 때문에 흐릿하게…

*

부르르 떨며 소파에서 눈을 떴다. 아… 나도 모르게 한숨과 한탄이 뒤섞인 한마디가 절로 나왔다. 생각해 보니 본격적으로 소설을 쓰려고 커피를 뽑아서 노트북 옆에 두고 자동으로 소파에 누웠던 것 같기도 하고. 꿈이었지만 책이랑 씨름을 한다는 게 생각보다 벅찼는지 얼굴 한쪽에서 흐르는 식은땀을 닦아냈다. 한적한 주말 오후, 커튼 밖에선 여름을 만끽하는 매미들의 울음소리가 들려온다.

언제부턴가 잠보다 소중하게 여겼던 상상타임이 없어졌다. 어쩌면 이건 현실과 좀 더 가까워졌다는 증거일까? 상상타임이 없어졌다는 것을 인식할 때마다 내 몸에서 쿰쿰한 냄새가 나는 것 같다. 그 대신 장난기만 잔뜩 늘어난 찌든 사회인이 남아있다. 그것도 꽤나 장난에 진심인.

엄마한테 한마디 하고 싶어서 한식조리사를 준비 중이다.

따고 나면 긴 젓가락으로 간을 보며 이렇게 말하는 거다. "어머니, 간이 조금 은은한 편이네요. 한 꼬집 정도 소금을 더해도 재료 본연의 맛이 더 살아날 것 같아요." 아니면 "전체적으로 깔끔하고 담백하지만, 마무리 감칠맛이 조금 더해지면 입안에서의 밸런스가 더 조화를 이룰 것 같습니다." 같은.

회사에서 친한 언니에게 메신저가 왔다.

[그거 알아? 전쟁 나면 한식 조리사 딴 사람 취사병으로 차출된대.]

요즘은 무더운 날씨 때문인지 생각이 많아서인지 글이 쉽게 앞으로 나가지 못하고 있다. 오늘은 세상에서 가장 쓸데없는 이야기를 한 언니의 장난으로 글을 써보기로 한다.

#2. 소설 스케치

예고 없이 시작된 전쟁으로 황폐해진 건 건물도, 거리도, 사람도 아니었다. 처음엔 예비군부터 불려갔다. 다음은 현역 제대자, 그다음은 미필자, 대학생, 병역면제자까지. 언제부터인가 나이도 의미를 잃었고 곧 사람들의 마음 속 하나의 의문이 들기 시작했다.
'왜 그녀들은 지금까지 가지 않았느냐' 라고.

"전라북도 전주시에서 미사일 공격으로 어린이 5명을 포함한 민간인 26명이 사망했습니다. 약 한 달 만에 재개된 휴전 방안 논의 등 무력 충돌 종식을 위한 협상은 전쟁 포로와 전사자 시신 교환 등 인도주의적 부문에서만 합의가 이뤄진 것으로…"

사무실에 켜져 있는 TV에서는 하루 종일 속보가 나온다. 속보도 재난 문자도 이젠 일상이니 왜인지 광고 문자 정도의 영향이 되어버린 것 같다. 사무실 선풍기는 고개를 숙인 채 왱왱거리며 힘없이 돌아가고, 텅 빈 사무실에는 타자를 치면서 테이블에 부딪치는 군번줄 소리만 들린다. 군번줄. 외관상으로 군번줄과 유사한 내 목에 걸린 쇳덩이에는 나의 이름과 생년월일, 그리고 사유가 적혀 있었다.

[이름: 신유진 / 생년월일: 1994.8.12. / 사유: 생물학적 노산 기준 이하의 임신 가능성이 있는 여성]

말하자면 이건 군번줄이 아니라 '미' 군번줄이다. 전쟁이 일어나 하루아침에 수백 명이 사라지는 요즘 나를 보호하는 목적이 '개체 유지를 위한 종족 보존'이라는 것이 아이러니하지만... 어쨌든 나는 이 작은 생명 증표를 목에 건 채 꾸역꾸역 살아남았다.

내가 있는 이 사무실은 예전엔 직장이었지만 전쟁이 일어난 지금은 내 보금자리가 되었다. 전쟁이 일어난 후 가장 불편한 것은 수도도, 식량도 아닌 전기였다. 어떤 연예인이 군으로 끌려갔는지, 대한민국 국적을 취득했다고 화면 가득하게 웃던 유명 외국인이 해외로 도주하거나, 국회의원은 국민의 대표이니 참전을 제외하자는 입법안이 발의되는 등 생존을 위한 인간의 몸부림은 인간적이라고 할지 비인간적이라고 할지. 어쨌든 미세한 기계음을 내는 낡은 컴퓨터에서 전해 듣는 소식은 미묘하게 살아 있다는 느낌을 주는 것이다.

[아직은기혼: 소식 전해 들었어요? 국방부에서 특정 여자분들한테
선화를 했다는데 이유를 질 모르겠어요ㅠㅠ 진화 받은 이후 실종됐다
는 소리도 있고…]

[창밖은팡팡: 엥? 정말요? 너무 불안해요...목걸이 도둑 당할까봐 이
번에 줄도 바꿨는데ㅠ]

채팅방에서 하는 이야기의 대부분은 불안감에서 비롯된 소문과
낭설이 대부분이다. 나는 비축해 놓은 이온 음료와 코코넛 과자를
맛없게 먹으며 의례적으로 괜찮을 거란 내용의 말을 장황하게 늘어
놓는 중이었다. 그때 갑자기 사무실 전화가 울렸다.

"신유진 씨 되십니까? 저는 국방부 징병 관리 소속 김훈 중사입
니다. 현시점에서 귀하의 병역 면제의 사유가 성립되지 않는 것으
로 확인되어 연락드렸습니다. 사실 여부는 서울 용산 국방부 정보
본부에서 나온 특수요원이 거주하고 계신 곳과 그 주변을 한 달 동
안 탐문·수색하고, 귀하의 통화기록 및 인터넷 검색 내역으로 밝혀
낸 것입니다. 따라서 국방부는 헌법과 병역법에 따라, 병무청장 명
의로 신유진 님을 징집할 법적 권한이 있습니다. 신유진 님은 이번
주까지…"

자칭 김훈 중사라고 말한 사람이 이번 주 안에 신변을 정리하고 국방의 의무를 다하라는 말을 하고 있었을 즈음엔 귓가는 윙윙거리고 목 아래가 뜨거워지며 정신이 멍해졌다.

　"아니, 아니, 잠시만요. 제가 왜요? 잘못 전화하신 거 아닌가요? 저 94년생이라구요. 생물학적 노산 기준 이하의 임신 가능성이 있는 여성은 면제 사유 아닌가요?"

　아직 내 손엔 목걸이가 있었다. 이것은 확실한 정당성이다.
　그러나 내가 말을 이어가는 도중에도 그는 내 말이 애초에 들을 가치가 없다는 듯 종종 숨을 길게 내쉬었다. "그래요.", "그렇군요." 같은 말이 공감이 아닌 말이 끝나길 기다리는 신호라는 것을 깨달으며 나의 목소리는 점차 작아졌다. 이어 나온 김훈 중사의 말은 비웃음과 냉대를 잔뜩 감추고자 한 느낌이 분명했다.

　"신유신 님이 노산 기준 이하의 임신 가능성이 있는 여성인 것은 사실입니다. 그러나 실제로 요원이 확인한 결과 신유진 님은 남자친구도, 남편도, 하다못해 주변에 임신 가능성을 높여줄 남자도 없는 것으로 확인됩니다. 고로 신체적으로는 임신의 가능성이 있으나 '환경적 불임' 상태인 것으로 판단했습니다."

　말문이 막혔다. 그가 하는 말은 다 맞는 말이다.

맞는 말이지만, 나는 어떻게든 내 의견을 피력해야 했다.

"지금은 맞지만 저는 배란 주기와 호르몬 수치 모두 정상 범위에 있어요. 자궁과 난소 기능에도 문제가 없고요. 배우자를 찾고자 노력한다면 임신 가능성이 0이라고 단정할 근거는 어디에도 없다고 생각해요."

"제가 말씀드리는 건, 단순한 의견이 아닙니다. 사실입니다."

마치 긴 재판 끝에 최종 판결을 내리는 판사처럼, 그는 단호했고 흔들리지 않았다.

"이제 전쟁도 중반기에 들어섰고, 단순히 생물학적 가임기 여성이라는 이유로 병역면제사유가 될 수 없다는 것은 모두가 인지하고 있는 사항입니다. 국방부는 이제 생물학적 가임기뿐 아니라 환경적 가임기도 기준에 포함하기로 했으며, 신유진 님은… 사실상 불임에 가깝다고 판단됩니다. 절대적으로나 상대적으로나 마찬가지입니다."

말 한마디 보태기 전에 이유와 근거를 차곡차곡 쌓아가던 김훈 중사는 마치 우월한 자리에서 베푸는 온정처럼 따뜻한 말투로 바꿔가며 말을 이었다.

"조사해 보니, 한식 조리사 자격증이 있으시더군요. 요즘 장병들이 입맛이 까다로워져서 취사병을 바꾸고자 했는데 일단은 그쪽으로 보직을 드리도록 하겠습니다. 적응하기 부담스럽지 않으실 겁니다. 흠… 그런데 생활체육 지도사 자격증도 있으시군요."

그의 말에 웃음기가 있어 보이는 것은 착각일까?

"어쩌면 야전포병이 더 적성에 맞으실지도 모르겠습니다."

전화가 끊어졌다. 이제 이번 주면 이 사무실도, 곧 고장 날 것 같은 선풍기도, 한 줌의 희망이었던 컴퓨터도 마지막이다. 나는 내가 가진 것 중에 가장 부질없는 물건 하나를 손으로 끊어냈다. 생명줄 같은 군번줄이었다. 각인된 사유가 눈치 없이 반짝였다. 나는 슬리퍼를 운동화로 갈아 신으며 전쟁 속 비정한 내 존재의 사유를 곱씹어 본다.

밖은 희미하게 매캐한 냄새와 뜨거운 햇빛이 혼재되어 있다.

…남자를 찾아봐야겠다.

*

노트북을 덮었다.

열심히 산 죄로 취사병 또는 야전포병이 될 주인공의 인생을 앞으로 어떻게 써나가야 할지 생각하니 머리가 지끈지끈했다. 심지어

저 주인공이 '나'인 것은 소설을 쓰기 더 어렵게 만든다. 나는 문밖을 나간 신유진이 내가 짜준 결말에서 나간 것으로 생각해버리기로 했다.

이렇게 흐지부지 끝나는 남이면 '열린 결말을 쓰는 자가든도 이런 기분일까?' 생각하게 된다. 나는 대략 설명했으니 이젠 네가 한번 결말을 해석해볼까? 어떻게 될 것 같아?

초고를 마무리하기로 한 기한이 한 달 정도 남은 날. 그 사이 서너 개의 소설이 쓰이다가 사라졌다. 로맨스로 시작한 소설 하나는 지금 스릴러가 되었고, 아침마다 인간이 되는 강아지 이야기는 매일 주인이 일하러 가는 바람에 정체 상태다. 그사이 내 기분이 별로 좋지 않았던 것도 한몫했다. 몇 주간 촉박하고 여유가 없던 생활 패턴에 조금 지친 탓일까? 울적한 날에 쓴 소설은 현실과 가까워서, 쓰다 보면 소설이 아니라 내 속마음을 적는 기분이 든다. 인간이 된 강아지와 주인이 좀 놀아도 될 것을 꿋꿋하게 출근시키는 것처럼.

#3. 소설 스케치

아침에 일어나보니 인간이 되어 있었다. 나는 두 팔을 머리 위로 올리고 발끝에 힘을 줬다. 하늘로 펼친 10개의 손가락을 물끄러미 보다 주먹을 쥤다가 펼치며 고개를 갸우뚱했다. 인간들의 손가락은 이상하기도 하지. 길쭉하고 개수도 많으니 말이다. 꼬리가 없어진 것을 보니 손이 꼬리 역할인 것 같기도 하다. 그도 그럴 것이 주인과 산책했을 때 본 인간들은 서로 반가울 때 이 손가락 전부를 이용해서 흔들기도 하더라고. 나는 한 손을 바닥에 짚은 채 나보다 어림없이 작은 방석에서 힘겹게 일어섰다. 몸이 커지니 어째 모든 행동마다 조금 더 힘든 것 같다. 주인이 왜 침대에서 일어날 때 끙끙거렸는지 이해가 됐다.

언제부턴가 아침이 되면 인간이 되기 시작했다. 인간이 되면 할 일이 많을 줄 알았는데, 막상 되어보니 차이점은 소파에 누워서 주인을 기다렸던 내가 소파에 길게 누워서 주인을 기다리고 있다는 것뿐이다. 자연스럽게 찬장에 있는 고구마 큐브통을 꺼냈다. 이거 하나 먹으려면 손 두 쪽 다 주인한테 줘야 하고, 한 바퀴 돌아야 하고, 나를 한 손으로 가리키면 배를 보여줘야 하는데. 아 맞다, 최근에는 어디서 배웠는지 주인의 손에 내 얼굴을 우겨 넣는 차례도 생겼다. 큐브 다섯 개를 입에 넣으며 얼마 안 남은 고구마 큐브를 다 털어 넣을까 고민하던 중에 문득 어제 주인이 배변 패드를 갈며 했던 말이 생각났다.

"와… 사람 아냐? 이게 뭐야 말랭아 똥이 왜케 커? 많이 먹지도 않은 것 같은데…"

듣는 강아지 민망하게 내 똥을 보며 감탄하던 주인은 살짝 나를 의심스러운 표정으로 쳐다봤다. 흠칫 놀라긴 했지만 자연스럽게 꼬리를 흔들며 내 응가의 냄새를 맡는 척했다. 고구마 큐브 순도 100%의 냄새. 어쩔 땐 냄새를 못 맡는 주인이라 다행이다.

나는 입맛을 다시며 몇 개 남지 않은 간식 통을 흔들었다. 그때였다. 느닷없이 문에서 삐빅 소리가 들리고 나의 주인이 돌아온 것이다! 소파에 앉아 있던 나와 주인의 눈이 마주쳤다. 통이 힘없이 카펫에 떨어져 데굴데굴 구르고, 주인은 당황스러운 눈으로 뒷걸음치기 시작했다.

*

지나간 소설들을 다시 읽어보면 고역일 때가 있다. 유치하고, 말도 안 되는 상상 속에 현실이 충돌하는 그때. 예전의 나는 그럴 때마다 소설을 지우고 다시 고쳐 쓰며 마음에 안 들었던 과거의 '나'를 지워나갔다. 그러다가 문득, 지우지 못한 오리지널 소설과 수십 번 바꾼 소설을 읽어봤다. 재치 있고 가벼웠던 소설은 엄격한 현실 속에 나동그라져 있었다. 수십 번의 수정 끝에 등장한 '나'는 재미없고 매사에 심각했다.

그래서 나는 과거의 내 소설들도 사랑하기로 했다. 어이없어서 웃게 되는 실없는 농담들도 어쩌면 순간의 내가 아닐까. 그리고 현실의 내가 성큼성큼 상상 속에 들어오려고 할 때쯤 나는 결말을 내리지 못한 소설도 과감하게 덮어버린다. 그리고 꿈꾼다. '상상타임'이란 책을 다시 열어 이야기를 펼칠 순간을.

죄송한데 그건

"죄송한데 모노키니 입고 들어오시면 안 돼요."

늦잠을 포기한 토요일, 수영장에 갔다. 이른 아침이지만 햇살이
뜨거운 가을날.

수영을 못했지만 물을 무서워하지 않았던 나는 꽤나 물을 좋아
했다. 놀이기구 중엔 후룸라이드를 좋아했고, 여름엔 일 년에 한 번
은 계곡을 갔고, 외국을 가면 무조건 스노클링 아니면 스킨스쿠버-
하다 못해 수영장이 아름다운 호텔을 찾았다.

한 해 한 해 지나 보니 깨달은 것은, 내가 못하는 것을 좋아하는

건 어렵다는 거다.

그럼에도 나는 이 어려운 일을 해내곤 했다. 수영할 일이 그리 많지 않은 탓에 실력이 전혀 늘지 않았지만 꿋꿋하게 물놀이를 고집했다. 덕분에 지열하기도 하고 치열하기도 한 수영일기는 웃긴 추억으로 변주되곤 했다.

뷰 좋은 인피니티 풀에서 펼쳐진 친구와의 두 시간 수영 대결(그날 찍은 사진은 한 장도 없다), 소나기 오는 날 계곡에서 놀다가 수위가 높아져서 도망친 경험, 수영 잘하는 친구가 진지하게 특훈을 시킨 탓에 결국 자유영 중 해체된 비키니 사태까지. 생각해 보면 불완전하고 얼렁뚱땅한 경험이다.

물을 좋아하는 건지, 물을 함께 했던 순간을 좋아하는 건지

한 손에 검정 뭉치를 든 채 멍하니 체육관 입구에 서 있었다. 약 10초간 수영장 물을 맛 봤던 모노키니에서 뚝뚝 물이 떨어졌다. 하와이에서 잘 어울릴 법한 가슴께에 프릴이 미역마냥 축 처진 채 흐물흐물 바람에 나부꼈다. 아, 그냥 수영장에서 이건 안 되는구나. 아마 나만큼 내 모노키니도 놀랐을 것이다. 활발한 아침을 시작하고 싶었던 중년의 수영 단원들의 시선을 동시에 받아본 것은 처음이니 말이다. 그 와중에 그 시선이 '수영복이 예뻐서'라고 착각했었다. 수영장을 잰걸음으로 나가는 내 두 귓불이 빨개졌다.

'왜 아무도 나에게 수영장에서 수영복을 입으라고 말 안 해줬

지…?' 라는 이상한 남 탓과 함께.

뜨거운 가을이었다. 낯 뜨거운.

*

늦잠을 포기한 일요일, 수영장에 갔다. 이상하게도 어제보다 발걸음이 당당해진다. 방수가 되는 수영가방엔 단정하고 밋밋한 원피스 수영복이 들어있었다.

익숙한 발걸음으로 초급·중급·고급 라인을 지나 기초라인으로 들어선다. 어제도 여기까지는 통과였으니까 숙련자라면 숙련자다. 나에게 모노키니는 안 된다고 말해준 선생님은 중급라인에서 학생들을 가르치고 있다. 스윽 선생님의 눈치를 보며 걷다가 눈이 딱 마주쳐서 머쓱하게 웃었다. 잊어버렸으면 좋겠건만 그녀는 나를 보자마자 흐뭇한 웃음을 살짝 짓는다.

'오늘은 제대로 입고 오셨군요- 모노키니인이여.'

— 조금 차갑다고 생각한 물은 어느새 미지근히게 느껴지고 생명줄 같은 킥판을 쥔 손은 힘이 빠진다. 힘 풀 줄 모르는 진격의 모노키니인은 30분 만에 어깨도 다리도 너덜너덜 해진 채 다시 라인 입구에 들어섰다.

운동 용어 중에 '세컨드윈드'라는 단어가 있다. 어떤 스포츠든 운동하는 중에 호흡이 불안정해지고, 고통으로 인해 정신적으로 운동을 중지하고 싶다는 생각이 드는데 이것을 '사점'이라고 한다. 그런데 강렬하게 그만두고 싶은 고비를 참으며 운동을 하면 신기하게도 고통이 줄어들고 운동을 계속하고 싶은 의욕이 생긴다. 이 신기한 두 번째 기회가 바로 세컨드 윈드(Socond Wind)다.

— 괜찮았던 호흡이 이제 조금 움직여도 가빠지고, 차가운 물속인데도 얼굴이 뜨끈해질 정도로 열기가 느껴졌다. 그냥 체감일 뿐이지만 어깨에서 김이 폴폴 날 것만 같다. 종아리는 라인 중간 쯤 가다보면 '어이, 이제 쥐날 때 되지 않았어?' 라며 뻣뻣해지고, 여유롭게 내밀었던 고개는 엇박자로 들락날락거리며 물놀이를 물고문으로 만든다. 나는 가쁜 숨을 들이쉬며 물안경에 긴 김을 닦아내고 바로 출발한다.

"왜 그렇게 바쁜 거야?"

많은 사람들이 내게 질문한다. 그도 그럴 것이 나의 일상은 계획을 짜고 실천하는 것으로 이루어지기 때문이다. 호기심이 많고 실행이 빠른 나는 24시간 안에 하고 싶은 것을 꾸역꾸역 욱여넣었다. 작년에는 일주일에 두 번씩 풋살을 다니고, 민화·우쿨렐레를 배우고, 주말에는 K-pop 댄스학원에 다녔다. 그 와중에 독서 모임, 전시 모임, 와인 클래스, 베이킹 클래스, 여행 크루도 틈틈이 참여하고 뭔가 하나쯤 이뤄야 할 것 같아서 퍼스널 컬러 전문가 자격도 수료했다. 이쯤 되면 언제 쉬는지 궁금할 것이다. 무료한 것이 고문 같다고 생각하는 나에게 '쉰다.'라는 문장은 '숨을 쉰다.'와 통용된다. 쉬고 싶다면 숨을 쉬어!(이 게으른 녀석아!)

― 25미터가 이렇게 길다니. 처음 몇 바퀴는 쉬지 않고 어색한 자세로 왕복하던 열정 MAX 수영 초보는 25미터 라인 중간에 우뚝 서서 가쁜 호흡을 가다듬었다. 어깨도 뻑뻑하고 왜인지 등이 누구한테 맞은 것처럼 아프다. 인생과 다르게 수영장 라인이 하나인 것은 양날의 검과 같다. 가야 할 길이 정해져 있지만, 내 뒤의 누군가는 나를 기다려 주지 않으니까.

멍하니 서 있던 나는 뒤쪽에서 들려오는 물장구 소리에 다시 물안경을 쓰고 출발한다. 아직 호흡은 돌아오지 않았고, 온몸은 두들겨 맞은 듯하지만 멈출 순 없다. 자칫하면 엉덩이 추돌이다.

요즘도 분주한 생활은 여전하다. 작년 말, 독립을 하게 된 나는 나름 개성 있는 나만의 집을 꾸리고 스무 번의 집들이를 개최했다. 난생처음 플리마켓도 열어보고 멋있게 적자로 마무리했다. 최근에는 생활체육지도사 구술면접을 보고, 일주일에 두 번 한식학원을 다니며 한식조리기능사 자격증을 준비하고 있다. 그리고 우연히 간북페어에서 늦잠을 포기하고 글을 쓰게 하는 글쓰기 모임을 알게 되었고, 지금도 글을 쓰고 있다. 아직은 어색하고 어려운 이 에세이도 올해에는 책으로 나오는 것이다.

나는 가끔 내 세컨드윈드가 언제일지 궁금하다. 새처럼 나는 것이 너무 신기했던 나머지 태양까지 날아가다 추락해 버린 이카로스에게는 두 번째 날개가 없었다. 너무나도 태양과 가까웠기 때문에. 신화의 주인공이 아닌 삶의 깅검 중 하니는 열심히 헤도 태양에 다가갈 수 없다는 것이다. 고로 묵묵히 해보자, 하고 싶은 건 반드시 해보자, 숨이 차도록 힘들어 보자, 그리고 마침내 견뎌보자. 나에겐 두 번째 날개가 있다.

— 애플워치 수영모드 페이스의 숫자가 정신없이 돌아간다.
시간은 빠르게 바뀌고 미터기는 좀처럼 바뀌지 않는다.
600m, 벌써 열두 바퀴.

어제 축축한 모노키니를 손에 든 채
뜨거운 아스팔트에 물길을 만들던 나는
이제 차가운 물 속에서 여느 때보다 치열하게 유영하고 있다.
마지막 같다가도 더 할 수 있을 것 같다가도
내 몸이 아닌 것만 같은 질주.
문득 1000m는 어떨지 궁금해졌다.

가빴던 호흡이 어느새 잔잔해지고 뻑뻑했던 발길질이 부드러워진다.